AF478688

Charles Vandenhove

CHARLES VANDENHOVE/PRUDENT DE WISPELAERE

projects projecten

NAi publishers/uitgevers

1995–2000

BART VERSCHAFFEL/JEAN-FRANÇOIS CHEVRIER (TEXTS) PHILIPPE VANDER MAREN (PHOTOGRAPHY)

À Jeanne

Contents Inhoud

An œuvre Een œuvre
for/voor Lut Prims
BART VERSCHAFFEL With thanks to Mil De Kooning and Ronny De Meyer
Met dank aan Mil De Kooning en Ronny De Meyer
An œuvre Een œuvre

An œuvre

In the 1960s and 1970s, shortly after a brief collaboration with Lucien Kroll, Charles Vandenhove concentrated on individual homes and a series of important buildings for the University of Liège: laboratories, a students residence, the university hospital, and the Institute for Physical Education. The university campus is situated outside Liège, and these buildings lie in a more or less open, green landscape. The same is true of the homes, Vandenhove's own home and studio dating from 1962, and for his other projects from this period: they are all located on the outskirts or outside the city. The range of programmes and works completed at this time is very broad, sometimes encompassing large or even very large projects, which obliged the architect to broaden out in his development. In less than twenty years Vandenhove had built up an impressing œuvre, almost enough for an architect's life-time. However, the assignments were not in themselves very problematic. The economy was flourishing, people who wanted to live out of town knew exactly what they wanted, there was enough space for their dreams, and the attitude of the university and its needs were defined and clear-cut. In this period Vandenhove built attractive and happy architecture.

The architectural climate changed completely in the 1970s and 1980s. An incipient ecological awareness and urban decay, with an economic crisis looming in the background, raised questions about the meaning of modernisation. Particularly in the Walloon provinces, where Vandenhove had worked until then, the problems were felt acutely. At that point in time the city centre of Liège was a model of the impasse to which grandiose and oversimplified ideas lead: mindless demolition and a failure to understand the historical dimension of urban life. Vandenhove's work took a new turn when he went to live and work in Liège under these circumstances. He carried out two striking urban projects there which made him famous, especially abroad. In 1978 he sketched the Hors-Château residential complex, with renovations to the street and new flats beside an elongated courtyard. The details and colours of the carefully designed façades, the pavilion on the square, and the lay-out of the square itself with a fountain and a sculpture, created a strong image that made a name for itself in the architectural world and turned Vandenhove into a leading 'postmodernist' overnight. At about the same time, in 1979, he bought the Renaissance home of the humanist Torrentius in the heart of Liège and renovated the decrepit premises. The firm of architects moved in there, and the house became the architect's second home. Many other projects and designs from

Een œuvre

In de jaren zestig en zeventig, na een korte samenwerking met Lucien Kroll, realiseerde Charles Vandenhove vooral individuele woningen en een reeks belangrijke gebouwen voor de Universiteit van Luik: laboratoria, een studentenresidentie, het universitair ziekenhuis en het Instituut voor Lichamelijke Opvoeding. De universitaire campus ligt buiten de stad Luik en deze gebouwen staan vrij in een min of meer open en groen landschap. Dat geldt ook voor de woningen, voor Vandenhoves eigen woning met atelier uit 1962 en voor zijn andere projecten uit die periode, ze liggen alle aan de rand van of buiten de stad. Het scala van programma's en van realisaties uit deze periode is heel breed en soms gaat het om grote tot zeer grote projecten, wat de architect ertoe verplicht zich breed te ontplooien. In nauwelijks twintig jaar tijd bouwde Vandenhove een imposant œuvre bij elkaar, bijna genoeg voor een architectenleven. De opgaven zijn echter inhoudelijk niet zeer problematisch. Het gaat economisch goed, de mensen die buiten willen wonen weten goed wat ze willen, er is voldoende plaats voor hun dromen en de instelling van de universiteit en haar noden zijn gedefinieerd en duidelijk. Vandenhove bouwt, in deze periode, directe, mooie en gelukkige architectuur.

Het architectuurklimaat verandert grondig in de jaren zeventig en tachtig. Een beginnend ecologisch besef en de stedelijke verloedering, tegen de achtergrond van de economische crisis, stellen het belang van de modernisering ter discussie. Zeker in Wallonië, waar Vandenhove tot dan toe heeft gewerkt, laten de problemen zich scherp voelen. Het stadscentrum van Luik staat op dat moment model voor de impasse waartoe te grote en te simpele ideeën leiden: gedachteloze kaalslag en een onbegrip voor de historische dimensie van de stedelijkheid. Vandenhoves werk krijgt een nieuwe wending wanneer hij, onder deze omstandigheden, in Luik gaat wonen en werken. Hier realiseert hij twee opmerkelijke stadsprojecten waarmee hij, met name in het buitenland, bekendheid zal verwerven. In 1978 tekent hij het woningcomplex van Hors-Château, met renovaties aan de straat en nieuwbouwwoningen langs een langwerpig plein in het binnengebied. De verzorgd gedetailleerde en gekleurde gevels, het paviljoentje op het plein en de pleinaanleg met een fontein en een sculptuur, creëren een sterk beeld dat in de architectuurwereld bekendheid krijgt en van Vandenhove in één klap een vooraanstaand 'postmodernist' maakt. Ongeveer tegelijkertijd, in 1979, koopt hij de renaissancewoning van de humanist Torrentius in het hart van Luik en renoveert hij het vervallen gebouw. Het architectenbureau vestigt zich daar en het huis wordt het tweede

the early 1980s also show how Vandenhove, often in collaboration with artists, responded to the importance of the historical dimension of city life and architecture. Examples are the entrance and Royal Suite in the Muntschouwburg, the façade of the Museum voor Sierkunst (Decorative Arts Museum) in Ghent, the design for the Les Abbesses theatre à l'italienne in Paris (first design 1986), the 'Palladian' house Delforge (Namur, 1983), and so on.

Vandenhove's work was picked up early on and it was regularly published. The pace speeded up in the middle of the 1980s: Jef Cornelis and Geert Bekaert were making a film for Belgian television about Vandenhove's architecture, an exhibition on his work was travelling through Europe, and a new book with a survey of his œuvre was published by Mardaga. This all meant that, while the portfolio of commissions in Belgium was growing smaller – Vandenhove met with a critical response in Flanders, but he built practically nothing there -, his reputation abroad continued to grow. From then on the Vandenhove firm of architects built in

verblijf van de architect. Ook vele andere projecten en ontwerpen uit de eerste helft van de jaren tachtig tonen hoe Vandenhove, dikwijls in samenwerking met kunstenaars, inspeelt op de betekenis van de historische dimensie van de stedelijkheid en de architectuur. Voorbeelden zijn de entree en de Koninklijke Suite van de Muntschouwburg, de stadsgevel van het Museum voor Sierkunst in Gent, het ontwerp van het theater à l'italienne van Les Abesses in Parijs (eerste ontwerp 1986), het 'palladiaanse' huis Delforge (Namen, 1983), et cetera.

Vandenhoves werk werd reeds vroeg opgemerkt en het werd regelmatig gepubliceerd. Midden jaren tachtig komt het echter in een stroomversnelling: Jef Cornelis en Geert Bekaert maken voor de toenmalige BRT een film over de architectuur van Vandenhove, een tentoonstelling over zijn werk reist door Europa en er verschijnt een nieuw boek met een œuvre-overzicht bij Uitgeverij Mardaga. Een en ander brengt met zich mee dat, terwijl de portefeuille met opdrachten in België krimpt – in Vlaanderen krijgt Vanden-

France, and it is still operative in the Netherlands in particular. In Paris Vandenhove built a large housing complex with a crèche in Montmartre and the Les Abbesses theatre. In the Netherlands he was responsible for several important public buildings – the renovation of the Royal Theatre in The Hague, the Law Courts in 's-Hertogenbosch – and urban residential units in Maastricht, Breda, The Hague and Amsterdam. An impressive series of similar housing projects is under construction or in the design stage: Dordrecht, Hoorn, Boskoop, Getsewoude and Kerkrade. An architectural œuvre does not develop autonomously, but in response to circumstances and opportunities that the architect does not choose himself and is hardly able to control. The work of interpreting and understanding an

◀ House Schoffeniels, Olne

▼ Hôtel Torrentius, Liège

▼▼ Théâtre des Abbesses, Paris

▼▶ Apartments and crèche, Place des Abbesses, Paris

hove wel kritische respons, maar hij heeft er nagenoeg niets gebouwd –, de bekendheid in het buitenland toeneemt. Het bureau Vandenhove bouwt sedertdien in Frankrijk en tot de dag van vandaag vooral in Nederland. In Parijs bouwt Vandenhove in Montmartre een groot woningcomplex met crèche en het theater van Les Abbesses. In Nederland realiseert hij enkele belangrijke publieke gebouwen – de verbouwing van de Koninklijke Schouwburg in Den Haag, het Paleis van Justitie in 's-Hertogenbosch – en stadswoningcomplexen in Maastricht, Breda, Den Haag en Amsterdam. Een imposante reeks van soortgelijke woningprojecten is in constructie of in ontwerp: Dordrecht, Hoorn, Boskoop, Getsewoude en Kerkrade.

Een architectuurœuvre ontwikkelt zich niet autonoom, maar steeds in antwoord op omstandigheden en kansen die de architect niet zelf kiest en nauwelijks zelf kan sturen. Het duiden en begrijpen van een architecturaal œuvre dient zich daarom te concentreren op de manier waarop de architect gegevens en opgaven interpreteert en hiermee omgaat en de

architectural œuvre should therefore concentrate on the way in which the architect interprets and handles facts and assignments, and the architectural critic should start out from an understanding of what an œuvre is about. The fact that Vandenhove now primarily builds housing complexes in the city and in the Netherlands obliges the critic to come up with new interpretations and new answers. What is this architecture 'about'?

Vandenhove makes some clear and striking choices in his recent architecture. First of all, he now makes architecture that is not meant to be 'read', but which is placed in the city as a 'fact'. Secondly, he makes it clear in his own way that the so-called 'integration' of new architecture in a historical setting is a false problem and architecture that merely fills it in is not worthy of the name. And within his new working conditions, which are representative of the position of the architect in the present force field, he chooses a sharp and new starting point: architecture is not the master or the servant, but the challenger of life.

Powerful architecture

Vandenhove received his upbringing and training in a milieu of Belgian modernists – with Victor Bourgeois in La Cambre – but he has never been a doctrinaire modernist architect. In his early work he did use the freedom of typology, plan and material that modernism has demanded within architecture, but at the same time it became detached from the politico-historical awareness. During this period, like his Belgian colleagues Dessauvage or somewhat later Van Reeth, he built an almost 'rural, architect-free' (Geert Bekaert, 'The architect's house', A+, april 1975), in fact unhistorical architecture; modern architecture that did not make a fuss about being modern or contemporary. In the 1980s, however, Vandenhove developed an explicitly 'classical' notion of architecture. This development and shift can be misunderstood in a number of ways. The most widespread misunderstanding is to derive the classical character of this architecture from the use of the postmodern and eclectic strategy of the citation. However, Vandenhove's architecture does not want to use historical citations to recall the past in a free and arbitrary way. Nor does it set out, like that of the British architect Quinlen Terry, to create a false continuity or to make good the presumed errors of modernism and to concur with the tradition again. Vandenhove does not quote, he does not connote history, but he *structures* his architecture classically, like a text.

The architectural text consists of words or kinds of words: plinth, threshold, frame, drip-moulding, architrave, col-

architectuurkritiek moet uitgaan van begrip van waar het in een œuvre om gaat. De omstandigheid dat Vandenhove nu vooral in de stad en in Nederland stadswoningcomplexen bouwt noodzaakt hem tot nieuwe interpretaties en tot nieuwe antwoorden. Wat is de 'zaak' van deze architectuur?

In zijn recente architectuur maakt Vandenhove enkele duidelijke en opvallende keuzes. Allereerst maakt hij nu architectuur die niet 'gelezen' moet worden maar als een 'feit' in de stad wordt geplaatst. Vervolgens maakt hij op zijn eigen manier duidelijk dat de zogenaamde 'integratie' van nieuwe architectuur in een historische omgeving een onecht probleem is en invularchitectuur haar naam niet waard is. En binnen zijn eigen nieuwe werkomstandigheden, die representatief zijn voor de positie van de architect in het huidige krachtenveld, kiest hij een scherp en nieuw uitgangspunt: de architectuur is niet de meester of de dienaar, maar de tegenspeler van het leven.

umn, pilaster, socle. There are compositional principles for the making of sentences or lines: symmetry, frontality, centrality. And there are stylistic principles or orders and small and large 'text models' to select elements and to combine them into architectural wholes: colonnade, gateway, bay, or cortile, house, tower. Vandenhove's architecture, from Hors-Château to Hoogfrankrijk in Maastricht, is composed like a text; the architecture combines types of words evenly to arrive at an articulated, legible whole. But at the same time Vandenhove maintains absolute freedom to choose and use words and to vary his 'models'. His architecture is classical but not academic. It borrows as it pleases from regional traditions and openly 'speaks' French in Paris and Dutch in Amsterdam. The architect also makes up his own 'words' that he likes to use: his own column, capital, drip-moulding,

◄ 'Words or kinds of words'
▼ Hors-Château, Liège

Krachtige architectuur

Vandenhove is opgegroeid en opgeleid in een milieu van Belgische modernisten – bij Victor Bourgeois in La Cambre –, maar hij heeft nooit pamflettair modernistisch gebouwd. In zijn eerste werk gebruikt hij wel de vrijheid van typologie, plan en materiaal die het modernisme binnen de architectuur heeft opgeëist, maar tegelijkertijd maakt het zich los van het politiek-historisch besef. Hij bouwt in deze periode – zoals ook zijn Belgische collega's Dessauvage of wat later Van Reeth – een bijna 'landelijke, architectloze' (Geert Bekaert 'De architect en zijn woning', *A+*, 1975) en eigenlijk onhistorische architectuur; moderne architectuur die van het moderne of het hedendaagse geen zaak meer maakt. In de jaren tachtig ontwikkelt Vandenhove echter een expliciet 'klassieke' architectuuropvatting. Deze ontwikkeling en verschuiving kan op vele manieren verkeerd worden opgevat en het meest verspreide misverstand is het klassieke karakter van deze architectuur terug te voeren op het gebruik van de postmoderne en eclectische strategie van het citaat. Vandenhoves architectuur wil echter niet, door middel van historische citaten, vrij en vrijblijvend aan het verleden herinneren. Nog minder wil zijn werk, à la de Britse architect Quinlen Terry, een valse continuïteit scheppen of de vooronderstelde dwalingen van het modernisme herstellen en de traditie opnieuw gelijk geven. Vandenhove citeert immers niet, hij connoteert de geschiedenis niet, maar hij *structureert* zijn architectuur op een klassieke manier, als een tekst.

De architectuurtekst bestaat uit woorden of woordsoorten: plint, drempel, kozijn, druiplijst, architraaf, zuil, pilaster, sokkel. Er zijn compositieprincipes om zinnen en regels te maken: symmetrie, frontaliteit, centraliteit. En er zijn stijlprincipes of ordes en kleine en grote 'tekstmodellen' om elementen te kiezen en samen te voegen tot architectuurgehelen: colonnade, poort, travee, of: *cortile*, huis, toren. Vandenhoves architectuur, van Hors-Château tot Hoogfrankrijk in Maastricht, is samengesteld als een tekst; de architectuur combineert woordsoorten gelijkmatig tot een gearticuleerd en leesbaar geheel. Maar tegelijk behoudt Vandenhove een volledige vrijheid in het kiezen en gebruiken van woorden en in het variëren op de 'modellen'. Hij maakt een klassieke, maar geen academische architectuur, die naar goeddunken elementen overneemt uit de regionale tradities en hij 'spreekt' openlijk Frans in Parijs en Nederlands in Amsterdam. Ook maakt hij eigen 'woorden' die hij graag gebruikt: zijn eigen zuil, kapiteel, druiplijst, dakvenster, et cetera. Het klassieke wordt hier met andere woorden niet geïmiteerd maar geëvenaard.

dormer window, et cetera. In other words, the classical is not imitated but rivalled.

Vandenhove's 'classical' architecture can be *read*, as one can recognise the linguistic character of a written or printed text in a foreign language without being able to understand it. You can *see* language and follow a façade like a text. You recognise the identifiable elements that form wholes in changing combinations and which finally compose a wall or a building. Constructions like Hors-Château and Hoogfrankrijk invite you to come closer. You have never seen everything from a distance, and when you get closer there is always something smaller than the body, that is thus further articulated and invites further reading. At close quarters, the eye continues to enjoy 'reading', and keeps running up against something that is like the spoken word. In this perspective it is absolutely wrong to call the far-reaching detail of, for example, Hors-Château decorative. The details do not cover or decorate anything, no more than the letters on a page cover or decorate the paper. They are the

Vandenhoves 'klassieke' architectuur kan *gelezen* worden, zoals men van een geschreven of gedrukte tekst in een vreemde taal toch het talig karakter kan herkennen zonder daarom de betekenis te vatten. Men kan taligheid *zien* en een gevel volgen als een tekst. Men herkent de benoembare elementen die in wisselende combinaties gehelen vormen en die ten slotte een gevel of gebouw samenstellen. Gebouwen als Hors-Château en Hoogfrankrijk nodigen uit om dichtbij te komen. Van een afstand heb je immers nooit alles gezien en wanneer men dichterbij komt is er altijd wel iets wat nog kleiner is dan het lichaam, dat dus nog verder gearticuleerd is en dus verder ontleedbaar blijft. Ook van dichtbij blijft het oog met plezier 'lezen' en botst steeds op iets wat wordt 'gezegd'. Het is in dit perspectief absoluut onjuist om de verregaande detaillering van bijvoorbeeld Hors-Château decoratief te noemen. De details bedekken of versieren immers niet, net zo min als letters op papier een blad niet bedekken of versieren. Het zijn de onderdelen of samenstellende delen van de architectuurtekst.

components or constituent parts of the architectural text. Vandenhove has abandoned this classical notion of architecture in his recent œuvre. In the case of the Law Courts in 's-Hertogenbosch, Het Zieken in The Hague, or the Poort van Breda, you can already read everything there is to read from a distance. The Court is a severe rectangle consisting of brick blocks of different heights. These blocks are evenly broken up by rows of identical, sober windows, they are based in the inner square on a level *alla rustica*, with wagon roofing everywhere. Het Zieken – that was dominated in the first sketch by a tall circular tower with spiral stairs around it as if it had been peeled and was flanked by two low wings – eventually became a massive, curved, tall city wall, closed and in cold colours. The wall is the boundary of an inner areas with housing blocks: a tower, an ellipse, and a beam. The

◀ Hoogfrankrijk, Maastricht

▼ Het Zieken, The Hague

▶ Poort van Breda, Breda

In de recente realisaties verlaat Vandenhove deze klassieke architectuuropvatting. In het Paleis van Justitie in Den Bosch, Het Zieken in Den Haag, of de Poort van Breda, kan men reeds van een afstand alles lezen wat er te lezen valt. Het Paleis is een strenge rechthoek gemaakt van bakstenen blokken van ongelijke hoogte. Deze blokken zijn gelijkmatig verdeeld door rijen van gelijke en sobere ramen, het is op het binnenplein geplaatst op een gelijkvloers *alla rustica* en heeft overal tondaken. Het Zieken – dat in het eerste ontwerp werd gedomineerd door een hoge ronde toren die spiraalsgewijs in trappen werd afgepeld en werd geflankeerd door twee lage vleugels – is bij realisatie een massieve, gebogen, hoge stadsmuur geworden, gesloten en koud gekleurd. De muur schermt een binnengebied af met woningblokken: een toren, een ellips en een balk. Ook de Poort van Breda is vanuit het tegenoverliggende park in één blik te overzien: drie blokken en een toren, een doorlopende stenen plint, muren en ramen. Alleen de indrukwekkende doorgang naar het binnengebied, die met de toren meedraait en de zijkant

Poort van Breda can also be seen at a glance from the park opposite: three blocks and a tower, a continuous stone plinth, walls and windows. Only the impressive entrance to the inside, that follows the line of the tower and hollows out the side of the block facing the park, is invisible from a distance. So all these housing complexes consist of nothing but blocks and volumes, clearly arranged on the site, and the volumes consist of severe facing walls with holes. Seen from a distance, the building is easy to take in and it remains within the scale of the city. Vandenhove does not make colossal or dangerous-sublime buildings. At the same time, these buildings are not eloquent, they say everything in one go and they are seen in one go. At close quarters, however, the eye cannot take it all in and control it. Getting closer to these buildings is not the way to see more or to see better. When you are close you do not see any legible or identifiable parts which in turn are brought together or grouped in a recognisable way. The eye runs up against a large, vast whole that is longer, deeper and taller than the eye can reach. The wall, divided only by identical gaps for the windows and fine brick patterning, is constructed of bricks stacked to form something high that has no scale, dimension or limits of its own: a wall. The stone plinth passes gradually into the distance. Walls without signs. The body *feels* the building, there is more than the eye can see.

The housing complexes consist of elementary and closed volumes and figures: beam, cylinder, barrel, sphere, right angle, ellipse. The walls are straight, the volumes do not narrow or taper, and they do not balance. When they are genuinely high – as in the main building of Het Zieken or the tower of the Poort van Breda – they do not reach for the sky, but point downwards. This is particularly true of the towers, that are broad, not slender, elegant or tapered, they stand emphatically with both feet on the ground. These buildings are made of piles of stones. It is as if they say hardly more than that they are buildings and let you feel their built quality, or their existence, as a force. They do not speak or sing; they *stand*.

This severe architecture lacking in elegance, which does not radiate classical monumentality or erudition and is not out to arouse or convince, but focuses all attention on the certainty of its very existence, comes close to the work that Vandenhove was making at the start of his career. In the sports halls of Sart Tilman (1972), or the concrete basic structure of the University Hospital (Sart Tilman, 1965-1987), the architect constructed in the same, almost primitive way with simple volumes and big, even wall surfaces. The sculpture for the Middelheimmuseum in Antwerp (1992) – the water-

mark of Vandenhove's architecture, in the words of Geert Bekaert – is a pure example of the principle of both the early and the recent work: a building is ordered weight. Vandenhove is not playful, his architecture does not appeal to the imagination, it does not move and it does not set anything in motion; it creates facts. The 'potential', after all, is not worth anything unless those opportunities can be tied down and incorporated in a reality that can affirm itself. Building to make *reality*, and in doing so to win from and at the same time to bring out and show the non-human or nature – what we do not make and what is an absolute given.

Integration and pride
One of the most urgent imperatives of urban renewal and urban development since the 1970s has been the need for

◄ Poort van Breda
▼ Middelheim, Antwerp
▼▼ Sports halls Sart Tilman, Liège

geen schaal of maat en grenzen heeft: een muur. De stenen plint loopt gelijkmatig weg naar de verte. Wanden zonder tekens. Het lichaam *voelt* het gebouw, er is meer dan het oog kan zien.

De woningcomplexen bestaan uit elementaire en gesloten volumes en figuren: balk, cilinder, ton, bol, rechthoek, ellips. De muren zijn recht, de volumes versmallen of verslanken niet en ze balanceren niet. Zelfs wanneer ze in werkelijkheid hoog zijn – zoals het hoofdgebouw van Het Zieken of de toren van de Poort van Breda – reiken ze niet naar de lucht maar wijzen ze naar beneden. Dat geldt in het bijzonder voor de torens, deze zijn breed, niet licht, elegant of spits, ze staan nadrukkelijk stevig op de grond. Deze gebouwen zijn gemaakt van gestapelde stenen. Het is alsof ze nauwelijks meer zeggen dan dat ze een gebouw zijn en hun gebouwd-zijn, of hun bestaan, als een kracht laten voelen. Niet spreken of zingen maar *staan*.

Deze strenge, onsierlijke architectuur, die geen monumentale waardigheid of eruditie uitstraalt en niet wil boeien of overtuigen, maar van de zekerheid van zijn bestaan zelf een hoofdzaak maakt, komt dicht bij het werk dat Vandenhove in het begin van zijn carrière maakte. In de sporthallen van Sart Tilman uit 1972, of de betonnen basisstructuur van het Universitair Ziekenhuis (Sart Tilman, 1965-1987), bouwde de architect hetzelfde, bijna primitief, met eenvoudige volumes en grote, gelijke muurvlakken. De sculptuur voor het Middelheimmuseum in Antwerpen (1992) – volgens Geert Bekaert het 'watermerk' van Vandenhoves architectuur – toont puur het principe van het vroege én van het recente werk: een gebouw is geordend gewicht. Bouwen is niet vormen of beelden maken, maar krachten ordenen en iets te doen bestaan. Vandenhove is niet speels, zijn architectuur spreekt niet tot de verbeelding, beweegt niet en doet niets bewegen, maar creëert feiten. De 'mogelijkheid' is immers geen waarde op zich wanneer die mogelijkheden niet beperkt kunnen worden en geïncorporeerd in een realiteit die om zichzelf kan worden bevestigd. Bouwen om *werkelijkheid* te maken en om daarbij het onmenselijke of de natuur – datgene wat wij niet maken en wat een absoluut gegeven is – tegelijk te bedwingen en te tonen.

Integratie en trots
Een der meest dwingende imperatieven van de stadsrenovatie en de stedenbouw sinds de jaren zeventig was dat de architectuur moet *passen* in de stad of het landschap. Een ontwerp of een gebouw mag niet misstaan, het moet daarom 'situatiegevoelig' zijn en dat houdt in dat het historische karakter van stad en land meegerekend en gerespecteerd

architecture to *fit into* the city or the landscape. A design or a building may not be out of keeping, so it must be 'situation-sensitive', and that entails taking into account and respecting the historical character of the city and the countryside. But what does 'fitting into' mean? There are many examples of buildings that want to look as though they fit in by assuming the colour of their surroundings, avoiding contrast, or filling in gaps as if they had never existed. From the start of his career, however, in a mildly challenging way and with a flourish, Vandenhove has demanded the freedom to make different architecture.

This approach was first demonstrated in the construction of his own home in the Rue Chauve-Souris, on the outskirts of Liège. The first house, from 1963, is a low brick building, a promenade of interconnecting rooms, situated on a slope that almost defies building. Ten years later Vandenhove erected a tall construction of metal with a glass roof and white walls partly on top of the first, intimate house, with natural materials and soft lighting. The two building stages are diametrically opposed to one another in practically every respect, and they do not fit together at all. Nothing in one stage makes the other likely. Writing in 1975, Geert Bekaert immediately recognised the importance of this choice and described it: the opposition is absolutely not a question of a sedimentation of an architectural development, in which old work the architect no longer believes in is replaced or surpassed by new work the architect does believe in. The second stage *develops* the first house, which is a house in the making: '(...) the development from a basic given in accordance with inherent but otherwise unforeseen and unforeseeable possibilities (...). It is not that two theses are placed side by side; they are two complementary expressions of the same system, in the sense that within that system there is space, if not a need, for a totality that can only find expression through the succession or combination of different, complementary elements (...). So the two houses do not represent 'historically' successive stages, but the gradual creation of a 'synchronic plurality' in which nothing is repudiated, but the simultaneity of the opposites is deliberately utilised.

Bekaert's interpretation of the house in the Rue Chauve-Souris helps to understand the liberty that Vandenhove has also demonstrated in several recent building projects: the Le Balloir complex (which is ripe for a second extension by now), the Royal Theatre in The Hague, and above all the home of Léon Wuidar.

In 1993 Vandenhove was invited to complete the house that he had built for the painter Léon Wuidar in 1974 with a sec-

moeten worden. Maar wat houdt dat passen in? Er zijn vele voorbeelden van gebouwen die gepast willen lijken door de kleur van hun omgeving aan te nemen, door contrast te mijden, of door gaten te vullen alsof die er nooit zijn geweest. Van bij het begin van zijn carrière heeft Vandenhove echter, licht uitdagend en met zwier, de vrijheid opgeëist om ándere architectuur te maken.

Deze aanpak werd voor het eerst gedemonstreerd bij de verbouwing van zijn eigen woning in de Rue Chauve-Souris, aan de rand van Luik. Het eerste huis uit 1963 is een laag gebouw van baksteen, een promenade van aan elkaar geschakelde ruimtes, dat tegen een quasi-onbebouwbare helling aanligt. Tien jaar later zet Vandenhove, deels bovenop de eerste, intieme woning, met de natuurlijke materialen en het zachte licht, een hoge constructie van metaal met een glasdak en witte wanden. De twee bouwfasen zijn in ongeveer elk opzicht radicaal tegengesteld, en ze passen dus absoluut niet bij elkaar. Niets in de ene fase maakt de andere waarschijnlijk. Geert Bekaert heeft in een tekst uit 1975 het

ond studio apartment. He repeated the Chauve-Souris operation. The first Wuidar house is a simple low house, one concrete storey with a wide and low roof of dark corrugated sheeting, side walls, structured by pillars which indicate the walls corresponding to the interior rooms, and receding dividing walls and windows. The house is half hidden on a hill, with a view of the landscape near Esneux. Just behind the house, slightly higher and in line with the longitudinal axis of the building, Vandenhove placed a cube, just as a farmer builds a shed next to his house: tall, clearly visible, closed, in light concrete, the walls broken up by protruding pointing. As in Chauve-Souris, Vandenhove creates an extreme contrast with the first house in terms of scale, material, the degree of detail, and the relation to the surroundings. The architect followed the same procedure in several other renovation projects.

◀ House Vandenhove, Liège
▼ House Wuidar, Esneux

belang van deze keuze onmiddellijk erkend en beschreven: het gaat in de tegenstelling absoluut niet om een sedimentatie van een architecturale ontwikkeling, waarbij oud werk waarin de architect niet meer geloofd, vervangen of overtroefd wordt door nieuw werk waarin de architect nu wel gelooft. De tweede fase *ontwikkelt* het eerste huis, dat een huis-in-wording is: (...) 'de ontwikkeling vanuit een basisgegeven volgens inherente, maar anderzijds onvoorziene en onvoorzienbare mogelijkheden.' (...) 'Het oorspronkelijke huis zoals het bestond in 1962 was áf, maar omvatte in zijn totaliteit de mogelijkheid niet alleen van aanvulling, maar ook van groei, van anders worden.' (...) 'Er worden geen twee strekkingen naast elkaar geplaatst, maar twee aanvullende uitdrukkingen van eenzelfde systeem, in de zin dat binnen het systeem plaats, zo niet behoefte bestaat aan een totaliteit die pas tot uiting kan komen door de opeenvolging of het samengaan van verschillende complementaire momenten.' (...) Het gaat in de twee huizen dus niet om 'historisch' opeenvolgende fasen, maar om het geleidelijk creëren van een 'synchronische meervormigheid' waarbij niets verloochend wordt, maar de gelijktijdigheid van de tegendelen bewust wordt gebruikt.

Bekaerts duiding van de woning in de Rue Chauve-Souris doet de vrijheid en de vrijpostigheid begrijpen waarmee Vandenhove ook in enkele recente verbouwingsprojecten te werk gaat: het complex van Le Balloir (dat inmiddels aan een tweede uitbreiding toe is), de Koninklijke Schouwburg in Den Haag en vooral de woning van Léon Wuidar. Wanneer Vandenhove in 1993 uitgenodigd wordt om de woning die hij in 1974 voor de schilder Léon Wuidar heeft gebouwd te completeren met een tweede atelierwoning, herhaalt hij de operatie van Chauve-Souris. De eerste woning Wuidar is een eenvoudig laag huis, één bouwlaag in betonsteen met een breed en laag dak van donkere golfplaten, zijgevels, geleed door pijlers die de traveeën aangeven waarin het interieur is verdeeld en terugwijkende tussenmuurtjes en ramen. Het huis ligt halfverscholen op een heuvel en heeft rondom uitzicht op het landschap rond Esneux. Vlak achter het huis heeft Vandenhove, iets hoger in de lengteas van de woning, een kubus geplaatst, zoals een boer naast zijn huis een schuur bouwt: hoog, goed zichtbaar, gesloten, in lichte beton, de wanden verdeeld door uitstulpende voegen. Zoals in Chauve-Souris creëert Vandenhove hier een extreem contrast met de eerste woning, zowel in schaal, als in materiaal, in de mate van detaillering en in de relatie tot de omgeving. In enkele andere renovatieprojecten gaat Vandenhove op dezelfde manier te werk.

Bij de verbouwing van de Schouwburg in Den Haag, die

In the case of the renovation of the Koninklijke Schouwburg (Royal Theatre) in The Hague, which lies behind an eighteenth-century classical façade, Vandenhove first designed a gently curving entrance and reception area along the side wall. This part is light and transparent. However, a little further down the street the garage and technical areas are placed next to the old main building like a monolithic and almost entirely closed block of concrete. If you reflect on that design decision on paper or with your eyes closed, it seems incredibly daring. Something like this cannot 'fit in', either with the building or with the street. But when you stand in front of it, the new building is evident and almost too modest. That is also the case with Le Balloir in Liège. An old and decrepit building on the Meuse of little historical value, that had once functioned as an asylum, mental hospital and orphanage, was to be turned into a social centre with old peoples homes, a crèche, a second-hand shop and offices. A few eighteenth-century pieces and the nineteenth-century main volume were spared, but the small side wings and the auxiliary buildings were demolished. All the new parts of the building, including the highly visible entrance and the street wall at the rear of the complex, were executed completely in concrete, even down to the name-plate and the small columns that decorate the entrance. Vandenhove uses concrete and new buildings, extremely homogeneous and monolithic, with the same obviousness with which he builds one of his classical houses in the city square beside the second entrance to Le Balloir and puts a stone fountain there, or places one of his first brick towers next to the complex. Why is it that these big differences in scale, colour, material, openness, never contradict one another or form a real contrast with one another? Vandenhove does not create an architecture that is 'integrated' or adapted in any way. It does not strive for recognisability. All the same, his architecture is never 'exciting', never extreme or dangerous. The obviousness and the modesty of these perhaps apparently daring interventions is connected with the way in which Vandenhove uses new possibilities – new materials, for instance – to do old things well or better. For example, he uses concrete not to develop unprecedented and technically spectacular possibilities, but as an almost natural material. Like the Italian architect Scarpa, he uses concrete as a stone for making walls and columns. The concrete seems not cast but built; the walls of Wuidar's house seem to be made of big monolithic concrete blocks that have been piled on top of one another, and the street wall of the Le Balloir is made from stacked flat stones in accordance with the impression of the wooden framing.

schuilgaat achter een achttiende-eeuwse klassieke gevel, ontwierp de architect eerst, langs de zijgevel, een licht gebogen toegangspartij met balie, deze is licht en transparant. Wat verder in de straat echter worden de garage en technische ruimtes als een monolitisch en bijna blind betonblok tegen het oude hoofdgebouw aangezet. Wanneer men op papier of met de ogen dicht over die ontwerpbeslissing nadenkt lijkt ze onmogelijk brutaal. Zoiets kan toch niet 'passen', noch bij het gebouw, noch in de straat. Maar wanneer men er voor gaat staan is de aanbouw evident en bijna te bescheiden. Dat is ook het geval bij Le Balloir in Luik. Daar diende een oud en vervallen gebouw aan de Maas, historisch niet erg waardevol, dat ooit fungeerde als asiel, krankzinnigengesticht en weeshuis, verbouwd te worden tot een sociaal centrum met bejaardenwoningen, een crèche, een tweedehandswinkel en kantoren. Enkele achttiende-eeuwse stukken en het negentiende-eeuwse hoofdvolume zijn gespaard, maar de kleine zijvleugels en de bijgebouwen zijn afgebroken. Alle nieuwe delen van het gebouw, waaronder

Vandenhove has designed a series of public buildings, but only one official building: the Paleis van Justitie (Magistrate's Court) in 's-Hertogenbosch. This is an exceptional building because of its scale and the programme. It characterises the recalcitrant approach and the basic choices of Vandenhove's recent work. In this case, like a house or the Les Abbesses theatre, the design starts out from the validity of a typology in a daring and naïve manner. A house is a house, a theatre is a theatre, a Palace of Justice is a palace. It is a closed block with an inner court, orientated lengthwise, it has a protective *avant-corps* with a monumental entrance, rising side wings and a *cour d'honneur*, a tall, monumental main block or *arrière-corps* that looks down on the courtyard and whose rear faces the city. With a length of almost one hundred metres on its longest side, eight storeys, severe and uniform façades,

◀ Le Balloir, Liège

▼ Koninklijke Schouwburg, The Hague

▼▼ Detail House Wuidar, Esneux

de zeer zichtbare toegangspartij en de straatgevel aan de achterkant van het complex, zijn geheel in beton uitgevoerd, tot en met de naamplaat en de zuiltjes die de ingang decoreren. Vandenhove gebruikt beton en nieuwbouw, extreem homogeen en monolitisch, met dezelfde evidentie waarmee hij op het stadspleintje, aan de tweede toegang van Le Balloir, een van zijn klassieke huizen bouwt, er een stenen fontein plaatst, of naast het complex een van zijn eerste baksteentorens neerzet.

Hoe komt het dat deze grote verschillen in schaal, kleur, materiaal, openheid, zich nooit tegen elkaar keren of onderling werkelijk contrasteren? Vandenhove maakt geen architectuur die zich 'integreert' of zich op de een of andere manier aanpast. Ze beoogt geen herkenbaarheid. Maar toch wordt ze nooit 'spannend', nooit extreem of gevaarlijk. De evidentie en de bescheidenheid van deze misschien ogenschijnlijk brutale ingrepen hangt samen met de manier waarop Vandenhove nieuwe mogelijkheden – nieuwe materialen bijvoorbeeld – gebruikt om oude dingen goed of beter te doen. Hij gebruikt het beton bijvoorbeeld niet om ongeziene en technisch spectaculaire mogelijkheden te ontwikkelen, maar als een quasi-natuurlijk materiaal. Beton wordt – zoals bij de Italiaanse architect Scarpa – een steensoort, waarvan men muren en zuilen maakt. Het beton wordt zelfs niet gegoten maar veeleer gebouwd; de muren van de woning Wuidar lijken wel gemaakt van grote monolitische betonblokken die op elkaar gestapeld zijn en volgens de afdruk van de planken bekisting is de straatgevel van Le Balloir gemaakt van gestapelde platte stenen.

Vandenhove heeft een reeks publieke gebouwen ontworpen, maar slechts één officieel gebouw: het Paleis van Justitie in 's-Hertogenbosch. Dit is zowel wat schaal betreft als omwille van het programma een uitzonderlijk gebouw en het karakteriseert de tegendraadse aanpak en de basiskeuzes van Vandenhoves recente werk. Hier, net als voor een huis, of voor het theater van Les Abesses, vertrekt het ontwerp op een brutaal-naïeve manier van de geldigheid van een typologie. Een huis is een huis, een theater is een theater, een Paleis van Justitie is een paleis. Het is een gesloten blok met een binnenplein, in de lengterichting georiënteerd, het heeft een beschermende *avant-corps* met een monumentale ingang, stijgende zijvleugels en een *cour d'honneur*, een hoog monumentaal hoofdblok of *arrière-corps* dat neerkijkt op het plein en waarvan de achterzijde naar de stad toe gericht is. Het gebouw met een langszijde van bijna honderd meter, tot acht bouwlagen hoog, met strenge en gelijke gevels, is imposant en dominerend, zowel ten opzichte van de stad als voor de bezoeker die het plein betreedt. Paleizen waar recht

the building is impressive and dominant with regard to
the city and to the visitor who enters the courtyard. Palaces
of Justice must make themselves felt, the law is above the
individual.

Vandenhove does not modernise or problematise the programme, he openly links it with old expectations that say
that what is important and decisive must predominate and
make an impression. But he combines the *unzeitgemäss* adop-
tion of these principles with idiosyncratic reversals which
also transform the programme in terms of its content. The
impressive palace is straightforwardly filled with dull office
corridors and utility areas; it does not function as the public
space that you enter to receive or pay your just legal deserts.
The courts of law, where verdicts are passed, which is what
this building is about, are not situated in that impressive
and severe building, but in a light construction of glass and
concrete that stands in front of the main volume like a tent
in the inner court. The access to this complex of rooms is
not ponderous and imposing but barely more than a single
door, almost friendly, and the central hall to which all the
rooms lead is both grand and intimate, with a lot of light
and little looking in from outside.

Architecture as challenger

Just as a play is played on the stage, life is lived in the city.
The 'built environment' is the first precondition and the
beginning of society, and in the last resort it is the architects
and urban planners whose buildings create this environment. Architecture is seen and sees itself as the attempt to
create a place and a form for the world and modern life. But
is this the case?

Nowadays the architect no longer functions as *chef d'orchestre*
in the making of the city: he is only one of the many parties
involved, and his terrain is decreasing in size. And it is becoming just as clear that present-day city life or the urban
experience cannot, or can no longer, be conceived in terms
of the built environment. The city is no longer *built*, but city
life is *put together* from a number of new, different elements:
infrastructure, street furniture, artificial lighting, partitions
and reflections, movement, noise, visual messages and text,
clothing, and so on. The reference points in the city are not
buildings but junctions, functions and – sometimes – almost
non-material architectural icons.

There is an architecture that enjoys going along with this
new urbanity and wants to reinforce the new experience of
the city by functioning as a technical apparatus for the production of urban spectacle. It builds using materials that
are also used for cars, street furniture, exhibition décors and

gesproken wordt moeten zich doen voelen, het recht is gro-
ter dan deze of gene mens.

Vandenhove moderniseert en problematiseert het programma niet, en verbindt het openlijk met oude verwach-
tingen die zeggen dat wat belangrijk en beslissend is ook
zwaar moet wegen en indruk moet maken. Maar hij combineert het *unzeitgemäss* uitgaan van deze evidenties met
eigenzinnige omkeringen die ook inhoudelijk het programma transformeren. Het imposante paleis is rechttoe recht-
aan gevuld met saaie kantoorgangen en dienstruimtes en
functioneert niet als de publieke ruimte die men betreedt
om recht te vragen of recht te vernemen. De zittingzalen,
waar het recht gesproken wordt, waar het in dit paleis toch
eigenlijk om gaat, zijn niet gesitueerd in dat indrukwekkende en strenge gebouw, maar in een lichte constructie
van glas en beton die voor het hoofdvolume als een tent op
het binnenplein is gezet. De toegang tot dit zalencomplex
is niet zwaar en imponerend maar nauwelijks méér dan
een deur, bijna vriendelijk, en de centrale hal waarop alle

light shows, and it is aimed at reflection and variation, and at the creation of a total environment consisting of events and signs that force themselves on us as signals. This suspends tidy, clear-cut divisions between public and private, outside and inside, housing and social activities. It does not create buildings that stand on the ground, but architectural objects that are set in the space. It is remarkable how, in all of the projects that Vandenhove builds in the city – from the theatre in Paris to the Magistrate's Court and the new urban housing complexes – he displays practically no interest in this new city life-style and almost ignores it. His architecture does not reflect the city. It uses inscriptions, but not neon lights. Amid the new city life, the decision to make a *building* in the city (foundation, plinth, wall, brick) is almost a statement; the building stands as an uncommon fact amid the plethora of 'messages' and communications.
However, the architect has not just lost his control of the

▼ Paleis van Justitie, 's-Hertogenbosch

zalen uitkomen is tegelijk groot én intiem, met veel licht en weinig inkijk.

Architectuur als tegenspeler

Zoals een theaterstuk zich afspeelt op het toneel, zo speelt het leven zich af in de stad. De 'gebouwde omgeving' is de eerste voorwaarde en het begin van het samenleven en uiteindelijk zijn het de architecten en stedenbouwkundigen die met hun gebouwen deze omgeving maken. De architectuur wordt gezien en ziet zichzelf, als de poging om de wereld en het moderne leven plaats en vorm te geven. Maar is dat wel zo?
Vandaag fungeert de architect niet meer als *chef d'orchestre* bij het maken van de stad: hij is één van de vele betrokken competenties geworden, en zijn terrein krimpt. En eveneens wordt duidelijk dat men de hedendaagse stedelijkheid of de stedelijke ervaring niet of niet meer vanuit het gebouwde kan denken. De stad wordt niet meer *gebouwd*, maar de stedelijkheid wordt *samengesteld* uit een veelheid van andere en nieuwe elementen: infrastructuur, straatmeubilair, artificieel licht, schermen en reflecties, beweging, lawaai, visuele boodschappen en tekst, kleding, enzovoort. De referentiepunten in de stad zijn geen gebouwen maar knopen, functies en – soms – bijna immateriële architectuur-iconen.
Er is een architectuur die met plezier met deze nieuwe stedelijkheid meegaat en de nieuwe stedelijke ervaring wil versterken door te fungeren als technische apparatuur voor het vervaardigen van stedelijk spektakel. Deze bouwt met materialen die ook voor auto's, straatmeubilair, tentoonstellingsdecors en lichtshows wordt gebruikt en is gericht op reflectie en variatie, en op het creëren van een totaalomgeving die gemaakt is van gebeurtenissen en tekens die zich opdringen als signalen. Deze heft scherpe en duidelijke scheidingen op tussen publiek en privaat, tussen buiten en binnen, tussen wonen en sociale activiteit. Deze maakt geen gebouwen die op de grond staan, maar architectuurobjecten die in de ruimte worden geplaatst. Het valt op hoe Vandenhove, in al zijn projecten die hij in de stad bouwt – van het theater in Parijs tot het Paleis van Justitie en de nieuwe stadswoningcomplexen – zich nagenoeg niets aan deze nieuwe stedelijkheid gelegen laat liggen en deze bijna negeert. Zijn architectuur spiegelt de stad niet terug. Deze gebruikt wel inscripties maar verdraagt geen neon. Temidden van de nieuwe stedelijkheid wordt de keuze om in de stad een *gebouw* te maken (basis, plint, muur, baksteen) bijna een statement; het gebouw staat als een ongewoon feit temidden van de overvloed van 'boodschappen' en communicaties.

city. Not only did the architect think he could build the world; he also thought he could design and determine how people live. It is certainly the case that many architects, especially in Belgium, build individual homes and develop their design in consultation with the builder. Vandenhove also built individual homes in the 1960s and 1970s with strong and outspoken views about what a house is and what housing can or should be. (That is why interior photographs of his homes are included in publications in the professional journals; the architect conceives the home from the inside (too), he provides details for the interior, he designs the doors himself and often the furniture.) But this position or this – almost utopian – freedom to determine right from the start how people will live, or to give shape to an ideal home, in which the architect can identify with the builder and the occupant, is becoming more and more unusual.

With regard to the housing complexes that Vandenhove builds in the Netherlands, he has virtually no say in the housing itself. If the project concerns social housing, there is hardly a budget to make more than solid standard flats; the limits imposed by the norms and the budget are so strict that the architect hardly has any room to manœuvre. In the case of owner-occupied homes, the builder or developer usually leaves the details and interior design up to the customers, who bring in their own interior architect or decorator. So in both cases the building is designed to a large degree independently of the interior – and certainly independently of how it will be occupied. Consequently, all that there is to show of Vandenhove's new housing projects is the outside. But precisely there, between the new city and the interior of the home, Vandenhove imposes architecture on the city and on housing. His architecture no longer functions as an environment – it does not surround, 'carry' or serve living – but the architecture becomes a challenger. The architect's room for manœuvre has become so small that architecture can almost be forgotten, as if it does not matter whether it is there or not. Take, for instance, one of Vandenhove's first housing projects in the Netherlands, near the station in The Hague. Architecture stands lost and forlorn in a tough neighbourhood with a busy street life, a lot of traffic and city lights, telephone shops and kebab snack bars, litter and small flats with people from ten different cultures, all with their own daily worries. But at the same time it is there, and if someone comes home or tells you where he lives, he will see and recognise the front wall and point to architecture: *that house there...* Vandenhove makes architecture that is maximally present in a minimal field of play and of attention.

De architect is echter niet alleen zijn greep op de stad kwijtgeraakt. Net zoals de architect dacht de wereld te bouwen, zo dacht hij het wonen vorm te geven en te bepalen. Het is zeker zo dat vele architecten, in het bijzonder in België, individuele woningen bouwen en hun ontwerp in gesprek met de bouwheer ontwikkelen. Ook Vandenhove heeft, in de jaren zestig en zeventig, individuele woningen gebouwd met sterke en uitgesproken opvattingen over wat een huis is en over wat wonen kan of moet zijn. (Bij publicatie in de vakpers worden daarom steeds ook interieurfoto's van zijn woningen opgenomen; de architect denkt de woning (ook) van binnenuit, hij detailleert het interieur, en ontwerpt zelf de deuren en dikwijls de meubels.) Maar deze positie of deze vrijheid waarbij men – bijna utopisch – van de grond af aan kan beslissen hoe men zal wonen en leven, of een woonideaal vorm kan geven, waarbij de architect zich met de opdrachtgever en de bewoner kan vereenzelvigen, wordt meer en meer uitzonderlijk.

Bij de woningcomplexen die Vandenhove in Nederland

It is architecture that does not give shape to and carry life, but which gives the city and life the chance to step outside themselves for a moment, to feel a different time and a different rhythm, and to forget themselves briefly. Architecture is to the city what distance is to the landscape. It is no longer a question of living *in* architecture like living in a complete environment or in an ideal, designed world. It is a question of living *with* architecture as a not completely 'adjusted' and idiosyncratic fact of life.

Vandenhove goes the furthest in situating architecture *between* the city and the home in the Tettergat. This housing complex beside an Amsterdam canal has an enlarged stepped gable, pale and flat, with a central part that protrudes slightly and extends above the building four windows broad. Vandenhove never uses balconies, and he usually brings rhythm to his walls with light windows or dark window-frames for

◀ Housing near the station, The Hague

▼ Tettergat, Amsterdam

bouwt heeft hij over het wonen zelf nagenoeg niets meer te zeggen. Wanneer het project sociale woningbouw betreft is er nauwelijks budget om meer te maken dan degelijke standaardappartementen; de druk van de normen en van het budget zijn zo strikt dat de architect nauwelijks bewegingsruimte krijgt. Wanneer het om koopwoningen gaat laat de bouwheer of promotor de detaillering en inrichting gewoonlijk over aan de klant en deze neemt zijn eigen binnenhuisarchitect of decorateur mee. In de beide gevallen wordt het gebouw dus in hoge mate los van het interieur – en zeker los van het wonen – ontworpen. Van Vandenhoves nieuwe woningprojecten kan men bijgevolg alleen buitenzichten tonen. Maar net daar, tussen de nieuwe stad en het interieur van het wonen in, dringt Vandenhove aan de stad én het wonen de architectuur op. Zijn architectuur fungeert er niet langer als omgeving – ze omgeeft en 'draagt' of dient het leven niet –, maar de architectuur wordt een *tegenspeler*. De speelruimte van de architect is zo gekrompen dat de architectuur bijna vergeten kan worden, alsof ze er niet toe doet of er niet is. Neem bijvoorbeeld een van Vandenhoves eerste woningprojecten in Nederland, vlak bij het station van Den Haag. In een harde buurt met een druk straatleven, veel verkeer en stadslicht, telefoonwinkels en kebabtenten, straatvuil en kleine appartementen met mensen uit tien culturen die elk grote dagelijkse zorgen hebben, staat de architectuur er als vergeten bij. Maar tegelijk staat deze er en wanneer iemand thuiskomt of vertelt waar hij woont, zal hij de gevel zien en herkennen en wijzen naar architectuur: *dat huis daar…* Vandenhove maakt architectuur die in een minimale speelruimte en aandachtsruimte maximaal aanwezig is. Het is architectuur die niet het leven vormt en draagt, maar die de stad en het leven de kans geeft om even buiten zichzelf te gaan, om een andere tijd en een ander ritme te voelen en zichzelf even te vergeten. In de stad is de architectuur wat de verte is in een landschap. Het gaat er niet meer om *in* architectuur te wonen als in een volledige omgeving of in een ideale, ontworpen wereld. Het gaat er om *met* architectuur te leven als met een niet geheel 'aangepast' en eigenzinnig gegeven.

Vandenhove gaat het verst in het poneren van de architectuur *tussen* de stad en de woning in het Tettergat. Dit woningcomplex aan een gracht in Amsterdam heeft een uitvergrote trapgevel, bleek en vlak, met een middendeel dat lichtjes uitspringt en vier venstergaten breed boven het gebouw uitsteekt. Vandenhove gebruikt nooit balkons, en ritmeert zijn gevels gewoonlijk met lichte vensters of donkere venstergaten aan de binnenterrassen. Hier en ook in enkele architectuursculpturen – zoals de twee ingangspartijen van

the inner terraces. Here and also in several architectural sculptures – such as the two entrances to the car park of the Magistrate's Court – the gable extends beyond the roof and the windows there show the emptiness and the sky behind them. This detaches the gable from the building, making it almost stand for itself. The inside of the building virtually disappears, the architect does not interfere with what is going on inside, and probably does not even want to have anything to do with it.

The effect of the 'narrowing' of architecture is reinforced in the inner areas of the housing complexes. These inner courtyards and squares are very important in all of the housing complexes. A certain smallness of scale can be experienced in Hors-Château. This project can be counted as one of the attempts to improve the quality of life in the historic inner city, to give back to pedestrians and children their 'right to the city', and so on. In projects like Hoogfrankrijk and the recently completed Staarlocatie in Maastricht, the housing block still makes a fairly open impression. But the inner

de parkeergarage van het Paleis van Justitie – steekt de gevel echter boven het dak uit en tonen de vensters daar de leegte en de lucht. Daardoor komt de gevel los van het gebouw en staat er bijna op en voor zichzelf. De binnenkant van het gebouw verdwijnt bijna, de architectuur bemoeit zich niet met wat er binnen gebeurt, en wil er wellicht zelfs niets mee te maken hebben.

In de binnengebieden van de woningcomplexen wordt het effect van het 'versmallen' van de architectuur versterkt. In alle woningbouwcomplexen zijn deze binnenkoeren en binnenpleinen zeer belangrijk. In Hors-Château kan men nog een zekere kleinschaligheid ervaren. Men kan dit project rekenen bij de pogingen om de leefbaarheid van de historische binnensteden te verbeteren, de voetgangers en kinderen hun 'recht op de stad' terug te geven, enzovoort. In projecten als Hoogfrankrijk en de recent gerealiseerde Staarlocatie in Maastricht maakt het woningblok nog een vrij open indruk. Maar de binnengebieden van enkele van de nieuwe woningcomplexen en het binnenplein van het Paleis

areas of some of the new housing complexes and the court-yard of the Magistrate's Court certainly do not aim to imi-tate or bring back an old, supposedly friendly city life. Of course, they can and will function as social spaces too – areas for having a rest, meeting people, playing, and so on. But at the same time and primarily they are the places where the architecture joins forces and lets one feel its power in an al-most unadulterated and pure way. Seen from the outside, there is the architecture and the street, or the water, or a park. So from outside one can keep a distance, and the vol-umes adjust to the dimensions of the city. It is still possible to look outside from the Staarlocatie through the half-open inner area. The new inner areas, however, all work almost like a cortile: the combined blocks produce a single, closed,

◄◄ Het Zieken, The Hague

◄ Staarlocatie, Maastricht

◄▼ Sloterkade, Amsterdam

▼ House Esther, Liège

van Justitie, beogen absoluut niet een oude, voorondersteld vriendelijke stedelijkheid te imiteren of terug te brengen. Ze kunnen en zullen natuurlijk ook wel fungeren als sociale ruimtes – ruimtes van verpozing, ontmoeting, spel, enzo-voort. Maar tegelijk en allereerst zijn het de plaatsen waar de architectuur zich aanéén sluit, en bijna onvermengd of puur haar kracht laat voelen. Van buitenaf gezien is er de architectuur én de straat, of het water, of een park. Van bui-tenaf kan men dus afstand houden en houden de volumes de maat van de stad. In de Staarlocatie kan men, vanuit het halfopen binnengebied, nog naar buiten kijken. De nieuwe binnengebieden werken echter alle bijna als een *cortile*: de blokken leveren samen één gesloten, bijna homogene bin-nenruimte op, met niets dan déze architectuur. De ruimte tussen de stad en de woning is zo wijder gemaakt, maar de architectuur staat rondom en dringt zich op, bijna oppres-sief, zoals op de binnenkoer van het 'circus' van Het Zieken. In de woning Esther in Luik wordt het concentreren van de architectuur tot een opgave voor het leven duidelijk als een

virtually homogeneous inner area, with nothing but *this* architecture. So the narrow space between the city and the home has been widened into a court, but the architecture surrounds it and makes itself felt almost oppressively, as in the inner courtyard of the 'circus' of Het Zieken.

The Esther house in Liège clearly presents the concentration of architecture as a challenge to life as clear as a manifesto. The house on the Meuse, a private home with a law firm on the ground floor, is not very wide but it is tall. The façade is flat at street level, but from the second floor it widens out across the whole breadth with a narrow curving terrace surmounted by a circular glass wall. Sliding wooden panels on the outer edge of the terrace can be folded together at the short ends. The walls of glass, the jutting terrace, which facilitates a side view too, and the shutters, which provide constantly changing frames for the view, transform the terrace into a viewing machine. The ground plan of the home is simple and strong: a room on each floor the full width of the building with maximal view on the street side, with half-open utility rooms on the left and right at the rear – kitchen or bathroom, lift, hall – and in the middle the passage and the view to the winding staircase at the rear of the house. The rear wall is aligned with the boundary of the property and is closed, except where it bulges slightly behind the stairs and admits light through a tall and narrow strip of glass blocks. The staircase itself is made of metal, with transparent glass steps. Here, as often, Vandenhove makes the staircase a special object that is almost detached from the house. Through the elegant but imposing construction five floor high, made from transparent and reflecting materials that are projected against the light wall, the staircase becomes a spectacle that can rival the view through the window. In an almost abstract way, the staircase combines the light and colours of the seasons and days. Living in this house is living with architecture made of only two things that stand like a house: a wall and a staircase. That is why the kitchen is simple, the bathroom is simple, and the lift is so banal. More architecture would hardly have been bearable.

manifest. Het huis aan de Maas, een woning met gelijkvloers een advocatenkantoor, is niet zeer breed maar wel hoog. De gevel is vlak op straatniveau, maar kraagt vanaf de tweede verdieping op de volledige breedte uit met een smal gebogen terras waarop een bolronde glaswand staat. Op de buitenrand van het terras schuiven houten panelen die langs de zijkanten samengeplooid kunnen worden. De glaswanden, het vooruitspringende terras, dat het zijwaarts kijken vergemakkelijkt en de luiken, die het zicht telkens anders kadreren, maken van de gevel een kijkmachine. De plattegrond van de woning is eenvoudig en sterk: per verdieping een kamer over de volle breedte met maximaal zicht aan de straatkant, achterin links en rechts telkens halfopen dienstruimtes – keuken of badkamer, lift, hal – en centraal de doorgang en de doorkijk naar de wenteltrap achterin het huis. De achtergevel vormt de grens van het perceel en is gesloten. Alleen achter de trap bolt de gevel licht naar buiten en trekt licht via een smalle en hoge strip van glasstenen. De trap zelf is van metaal met doorzichtige glazen treden. Zoals dikwijls maakt Vandenhove hier van de trap een apart object dat bijna vrij staat in het huis. Door de elegante maar imposante constructie van vijf verdiepingen hoog, gemaakt uit doorzichtige en reflecterende materialen, die worden geprojecteerd tegen de lichtwand, is de trap een kijkspel geworden dat kan wedijveren met het zicht door de gevel. Op een bijna abstracte manier vat de trap het licht en de kleuren van de seizoenen en de dagen samen. Leven in dit huis is leven met architectuur gemaakt van slechts twee dingen die staan als een huis: een gevel en een trap. Daarom ook is het keukentje simpel, daarom is de badkamer simpel en de lift zo banaal. Meer architectuur zou nauwelijks te verdragen zijn.

An architectural atelier in Liège Un atelier d'architecture à Liège

JEAN-FRANÇOIS CHEVRIER *Interview with Charles Vandenhove, Prudent De Wispelaere and Jean-François Chevrier, Brussels*
Entretien entre Charles Vandenhove, Prudent De Wispelaere et Jean-François Chevrier, Bruxelles

JEAN-FRANÇOIS CHEVRIER We agreed to begin with the year 1978. That year, your office carried out the project of Hors-Château in Liège, which would be completed in 1985. You had already built a great deal since the fifties. You had worked on much larger programs, like the Sart Tilman hospital complex on the outskirts of Liège. You had built private and collective housing. But with Hors-Château, for the first time to my knowledge, you were working on an urban project, a project of urban reconstruction: rebuilding a piece of downtown Liège. Hors-Château gained international attention, particularly in The Netherlands and Japan. The project can be situated in what is called 'the return to the city.' It echoed the program of the 'Reconstruction of the European City,' announced here in Brussels at a colloquium in 1978. From that meeting emerged the *Brussels Declaration*, in which one reads: 'Every intervention on the European City must necessarily build what the city always was: streets, plazas, avenues, clusters, gardens... i.e. districts. On the contrary, every intervention on the European City must banish urban highways and freeways, single-use zones, residual green spaces.' Let me recall that this manifesto was preceded by another declaration, made in Palermo, published in the second trimester of 1978 in issue 14 of the *Archives d'Architecture Moderne*, a journal directed by Maurice Culot. That year, the same publisher brought out the key volume of the movement for the 'reconstruction of the European city,' entitled *Rational Architecture*. Since the late 1960s, with the publication of Aldo Rossi's *The Architecture of the City* in 1966, numerous works of urban analysis had shared in this reevaluation of the European city, which was also a way of resituating modern architecture in history and sorting out its accomplishments and failures. One can cite the works of Philippe Panerai, Jean Castex, and Jean-Charles Depaule, particularly *Formes urbaines, de l'îlot à la barre*, in 1977. I mention that book because it has just been reissued with a few new remarks, twenty years later, on the fortunes and misfortunes of the cluster, which had become the model for any conception of architecture at the local scale, short of the great thoroughfares and monuments. The project of Hors-Château is an exemplary intervention on the cluster. Indeed, it is the reconstruction and even the reinvention of a particularly insular cluster, since it is organized around a closed plaza. Here are a few images of this urban intervention which today can be considered historic, an exemplary reference in the history of urban architecture; exemplary for the care shown by the so-called postmodern architects in their efforts to reconstruct the European city after the enormous destruction wrought by the renovation projects of the sixties.

JEAN-FRANÇOIS CHEVRIER Nous sommes convenus de partir de l'année 1978. Cette année-là, ton agence réalise le projet de Hors-Château à Liège, qui sera achevé en 1985. Tu avais déjà beaucoup construit depuis les années cinquante, tu avais travaillé sur des programmes bien plus importants, comme le centre hospitalier universitaire du Sart Tilman dans la périphérie de Liège. Tu avais construit des logements individuels ou collectifs. Mais, pour la première fois à ma connaissance, tu travaillais sur un projet urbain, sur un projet de reconstruction urbaine; tu refaisais un morceau du centre ville de Liège. Hors-Château a trouvé une audience internationale, aux Pays-Bas et au Japon en particulier. Cette intervention se situait dans le contexte de ce qu'il est convenu d'appeler 'le retour à la ville'. Elle faisait écho au programme de 'Reconstruction de la Ville Européenne' manifesté ici-même, à Bruxelles, à l'occasion d'un colloque en novembre 1978. De ce colloque est issue la Déclaration de Bruxelles dans laquelle on peut lire notamment: 'Toute intervention sur la Ville Européenne doit obligatoirement réaliser ce que toujours fut la ville, à savoir: des rues, des places, des avenues, des îlots, des jardins... soit des quartiers. Toute intervention sur la Ville Européenne doit par contre bannir les routes et les autoroutes urbaines, les zones mono-fonctionnelles, les espaces verts résiduels'. Je rappelle que ce manifeste avait été précédé d'une première déclaration, quelques mois plutôt, à Palerme, publiée dans le numéro 14, au deuxième trimestre 1978, de la revue des Archives d'Architecture Moderne, dirigée par Maurice Culot. La même année encore, le même éditeur publiait le livre manifeste du mouvement de 'Reconstruction de la Ville Européenne', *Architecture rationnelle/Rational Architecture*. Depuis la deuxième moitié des années soixante, depuis la publication de *L'Architettura della città* d'Aldo Rossi en 1966, de nombreux travaux d'analyse urbaine avaient participé à cette réévaluation de la ville européenne qui était aussi une manière de resituer l'architecture moderne dans l'histoire et de faire le tri dans l'histoire de l'architecture moderne. On peut mentionner les travaux de Philippe Panerai, Jean Castex et Jean-Charles Depaule, notamment *Formes urbaines, de l'îlot à la barre* en 1977. Je signale cet ouvrage parce qu'il vient d'être réédité, avec quelques remarques nouvelles, vingt ans après, sur la fortune et les mauvaises fortunes de l'îlot devenu le modèle de toute conception d'une architecture urbaine à l'échelle locale, en-deçà des grands tracés et des grands monuments.

Le projet Hors-Château est une intervention exemplaire sur l'îlot, c'est même la reconstruction et plus encore la réinvention d'un îlot particulièrement insulaire, puisqu'il

CHARLES VANDENHOVE Before speaking of this intervention which Jean-François considers exemplary, I wish to thank the Fondation pour l'Architecture, Philippe Rotthier, Caroline Mierop, and Maurice Culot; all my warmest thanks. This is the second time I have been invited to this institution. I would also like to be joined in this discussion of my work by Prudent De Wispelaere, whose is my deputy, my successor, my right hand, without whom I can do nothing. Nor do I wish to forget Jacques Séquaris for whom we have great affection, who left us for personal reasons and who has also helped me very much.

Before making a few comments on the plan of Hors-Château, I would like to salute the commissioners. The commissioners of Hors-Château were Marie-Laure Roggemans, then of the Walloon government, and René Schoonbrodt. Without commissioners we do nothing, without contractors we do nothing. I also wish to pay them homage.

We are in Hors-Château, on rue des Brasseurs, the two passages. It is a somewhat exceptional and wonderful operation of urban renovation, because we were also able to construct new housing alongside rue des Brasseurs. Originally it was a small property, a brewery with a certain number of apartments, very nice but dilapidated, which we repaired; and we also created a plaza which turns its back to the street, with a pedestrian passage accessible through a covered porch, and then another which leads out to rue des Brasseurs. The entire plaza is built on top of an underground parking garage. We closed off the plaza at both ends. On one side is the house inhabited by the concièrge of the former brewery. In the center we placed a fountain whose water flows all the way to the monument created by the Poiriers. On the left are the renovated houses, and on the right, the entirely new constructions.

JFC The columns of the passage between the plaza and rue Hors-Château provided the office with its emblem.

CV I want to stress that our organization is not an office, but an atelier of architects. As to the columns, they are surmounted with Ionic capitals in the style of the Meuse region; and they are not our emblem.

JFC And why are they not your emblem?

CV At a certain period we did in fact construct a number of these capitals, and then when they were copied we refuted them.

JFC The following year, in 1979, you carried out another rehabilitation-reinvention: the restoration and redesign of Torrentius House, where you live and where the atelier is located... But how exactly do you distinguish between an office and an atelier?

s'organise autour d'une place fermée. Voici quelques images de cette intervention urbaine qu'on peut considérer aujourd'hui comme historique, comme une référence exemplaire dans l'histoire de l'architecture urbaine ; exemplaire du souci qui s'est manifesté chez les architectes qu'on appelle parfois post-modernes de reconstruire la ville européenne après les énormes destructions dues aux entreprises de rénovation des années soixante.

CHARLES VANDENHOVE Avant de parler de cette intervention que Jean-François dit exemplaire, je me dois de remercier la Fondation pour l'Architecture, Philippe Rotthier, Caroline Mierop, Maurice Culot, je les remercie de tout cœur. C'est la deuxième fois que je suis accueilli dans cette maison. Je veux aussi associer à mon travail Prudent De Wispelaere qui est mon adjoint, mon successeur, mon bras droit, sans qui je ne sais rien faire. Je ne veux pas oublier non plus Jacques Séquaris que nous aimons beaucoup, qui nous a quittés pour des raisons personnelles et qui m'a aussi beaucoup aidé.

CV In France one speaks of an office (*agence*). But we are a small atelier with ten architects and engineers. It is a permanent organization, regardless of how much work there happens to be; we are ten persons. We have exceptional luck: we have never had to look for work. We have always been asked to work. We have always had a relation of trust with the commissioner. Since Hors-Château we have had projects in France, in Belgium, and especially in The Netherlands. We have carried out similar operations in Maastricht, in Groningen, in Amsterdam. Someone appreciated our work and trusted us. That does not mean we avoid economic relations, power relations, but we have generally been able to enjoy a close understanding with the commissioner. And it is a privilege to work under such conditions.

JFC Like the cluster of Hors-Château, Torrentius House

◀ Hors-Château, Liège

▼ Situation before the renovation of Hôtel Torrentius, Liège

▼▼ Hôtel Torrentius, Liège

Avant de commenter le plan de Hors-Château, je veux saluer les maîtres d'ouvrage. Les maîtres d'ouvrage pour Hors-Château étaient Marie-Laure Roggemans, de la Région Wallonne à cette époque, et René Schoonbrodt. Sans maître d'ouvrage, nous ne faisons rien, sans entreprise nous ne faisons rien. Je veux aussi leur rendre hommage. Nous sommes à Hors-Château, la rue des Brasseurs, les deux passages. C'est une opération de rénovation urbaine un peu exceptionnelle et miraculeuse, car nous avons pu construire un ensemble de logements, neufs, côté rue des Brasseurs. Il faut dire qu'à l'origine c'était une petite propriété. C'était une brasserie avec un certain nombre de logements assez beaux mais délabrés, que nous avons réparés ; et nous avons créé une place qui tourne le dos à la rue avec un passage réservé aux piétons, accessible par un porche couvert et par un autre qui donne rue des Brasseurs. L'ensemble est construit sur un parking souterrain.

Nous avons fermé la place aux deux extrémités. D'un côté, se trouve le pavillon habité par le concierge de l'ancienne brasserie. Au centre, nous avons placé une fontaine dont l'eau s'écoule jusqu'au monument des Poirier. À gauche, les maisons rénovées et à droite les constructions entièrement neuves.

JFC Les colonnes du passage entre la place et la rue Hors-Château ont donné son emblème à l'agence.

CV Je dois préciser que notre organisation n'est pas une agence mais un atelier d'architectes. Quant aux colonnes, elles sont surmontées de chapiteaux ioniques mosans ; ils ne sont pas notre emblème.

JFC Et pourquoi ne sont-ils pas votre emblème ?

CV Cela correspond à une période où nous avons effectivement construit un certain nombre de chapiteaux et puis, quand ils ont été copiés, on les a reniés.

JFC L'année suivante, en 1979, tu réalises une autre réhabilitation-réinvention: la restauration et le réaménagement de l'Hôtel Torrentius où tu habites et où est situé l'atelier… Mais au fait, comment distingues-tu exactement agence et atelier ?

CV En France, on parle d'agence. Mais, nous sommes un petit atelier avec une dizaine de compagnons architectes et ingénieurs. C'est une organisation permanente, qu'il y ait beaucoup de travail ou qu'il y en ait moins: nous sommes une dizaine de personnes. Nous avons une chance assez exceptionnelle: nous n'avons jamais dû solliciter un travail. Nous avons toujours travaillé à la demande. Nous avons toujours eu un rapport de confiance avec le maître d'ouvrage. Depuis Hors-Château justement, nous avons eu du travail en France, en Belgique et beaucoup aux Pays-Bas.

forms a haven of refinement and silence, in the center of an old city wracked by the renovations of the sixties.

CV Torrentius House is situated on a rise that overlooks Saint-Lambert plaza. As for the plaza, there is the courthouse and then a great void, a deserted zone. Projects are underway. Department stores will be installed. We were asked to work on the project, then shunted aside… Torrentius House, a mansion built by Lambert Lombard in the sixteenth century, was integrated into an urban fabric, but all of that was destroyed. Alongside is the house where César Franck was born, which we also restored. It is the house where the destruction stopped.

JFC After 1978, you proposed architectural interventions to partially reconstruct the city. Surely you had an overall vision. How do you see your possibilities of intervention today? What is your maneuvering room? Or is the situation completely desperate? Despite all the transformations suffered by your native city, where you live and work, do you see permanent features, and could they be reference points for a process of rehabilitation or reconstruction?

CV We did studies concerning the surroundings of Torrentius House in particular, that is, the center city. But we weren't able to move the city authorities. In principle I can do nothing without a demand from the commissioners, and without a sense of trust. And yet we do sometimes make proposals. It is rare, but I could not remain insensible to what I see out my window. We made a proposal. But no one listened. Elsewhere we have been able to carry out urban operations, outside Liège. In Maastricht especially, just thirty kilometers from Liège. We created a new cluster, with a small plaza reserved for pedestrians. We turn our backs to the car traffic and recreate a protected, convivial environment. In Liège there remain numerous vestiges of what is called the Meuse Renaissance. Torrentius House is an Italianate building. It was constructed for the secretary of the prince-bishop, who was a great humanist, a man very sensitive to Italian fashion. At the same time there was also a characteristic style in Liège, a type of local construction of very high quality, which covers the entire province. A perfect example is the building of the Curtius Museum along the Meuse, which has always been a reference for us.

JFC Among these elements of traditional urban morphology, you have a predilection for plazas and courtyards, which you often adorn with fountains: the interior, intimate spaces of a city, protected, calm, and silent. The little plaza of the Brasseurs cluster in Hors-Château is the ideal of an urban haven, treated with all the care that can be given to a domestic space, and also endowed with a monumental quality.

Nous avons fait des opérations similaires, à Maastricht, à Groningen, à Amsterdam. Quelqu'un avait aimé notre travail et nous faisait confiance. Cela ne veut pas dire que l'on évite le rapport économique, le rapport de forces, mais nous avons pu généralement bénéficier d'une entente étroite avec le maître d'ouvrage. Et c'est un privilège de pouvoir travailler dans ces conditions.

JFC Comme l'îlot d'Hors-Château, l'Hôtel Torrentius constitue un havre de raffinement et de silence, dans le centre d'une ville historique bouleversée par les rénovations des années soixante.

CV L'Hôtel Torrentius est situé sur une colline qui surplombe la place Saint-Lambert. En fait de place, il y a le palais de justice et un grand vide, un désert. Des travaux sont en cours. Des grands magasins sont prévus. Nous avions été sollicités pour cette opération, puis nous avons été écartés… L'Hôtel Torrentius, hôtel de maître construit par Lambert-Lombard au xvie siècle, était intégré dans un tissu urbain, mais tout a été détruit. À côté, se trouve la maison natale de

Many observers have underlined this double quality. You create a public space, a public extension, private spaces surrounding it, and a secret monument at the heart of the historical city. It is a familiar place, on a human scale, and it has a very sophisticated composition which brings together heterogeneous forms and materials, which freely combines elements borrowed from the classical and modern repertories, as in a monumental work. One recognizes the same qualities in the Hoogfrankrijk project in Maastricht and the De Liefde project in Amsterdam.

PRUDENT DE WISPELAERE Maastricht presents an unusual characteristic, which is that of having large clusters very near to the historical center, marked off by relatively modest houses, with schools, industries, and warehouses

◄ Hoogfrankrijk, Maastricht

◄▼ De Liefde, Amsterdam

▼ Public works at Place Saint-Lambert, Liège, February 1998

▼▼ View at the Curtius Museum from the Balloir tower

César Franck que nous avons également restaurée. C'est la dernière maison où s'est arrêtée la destruction.

JFC À partir de 1978, tu as proposé des interventions architecturales pour reconstruire partiellement la ville. Tu avais certainement une vision globale. Comment vois-tu aujourd'hui tes possibilités d'intervention, quelle est ta marge d'action ? La situation est-elle simplement désespérée ? Malgré toutes les transformations qu'a subies ta ville natale, où tu vis et travailles, vois-tu des traits de permanence et peuvent-ils être les points d'appui d'un travail de réhabilitation, ou de reconstruction ?

CV Nous avons fait des études concernant en particulier l'environnement de l'Hôtel Torrentius, c'est-à-dire le centre de la ville. Mais nous n'avons pu émouvoir les autorités municipales. En principe, je ne peux rien faire s'il n'y a pas une demande et une confiance de la part du maître d'ouvrage. Il peut nous arriver, toutefois, de faire des propositions. C'est rare, en l'occurrence, je ne pouvais pas rester insensible à ce que je vois en face de chez moi. Nous avons fait une proposition. Mais elle n'a eu aucun écho. Par ailleurs, nous avons pu mener des opérations urbaines en dehors de Liège. À Maastricht, notamment, à trente kilomètres de Liège. Nous avons créé un nouvel îlot, avec une placette réservée aux piétons. Nous tournons le dos à la circulation automobile et nous recréons un environnement protégé, convivial. À Liège, il reste de nombreux témoignages de ce que l'on appelle la Renaissance mosane. L'Hôtel Torrentius est italianisant. Il a été construit pour le secrétaire du prince-évêque, qui était un grand humaniste, un homme particulièrement sensible à la mode italienne. En même temps, il y avait à Liège un style propre, un type de construction local de très grande qualité, qui couvre toute la province. Un parfait exemple en est le bâtiment du Musée Curtius le long de la Meuse, qui a toujours été pour nous une référence.

JFC Parmi les éléments d'une morphologie urbaine traditionnelle, tu as une prédilection pour les places ; les places et les cours: les espaces intérieurs et intimes de la ville, protégés, calmes, silencieux, que tu ornes souvent de fontaines. La petite place de l'îlot des Brasseurs, à Hors-Château, est l'idéal d'un havre urbain, traité avec le soin que l'on peut accorder à un espace domestique et doté également d'une qualité monumentale.

Beaucoup d'observateurs ont déjà souligné cette double qualité. Tu réalises un espace public, une extension publique, des espaces privés qui l'entourent, et un monument secret au cœur de la ville historique. C'est un lieu familier, à échelle humaine, et une composition très sophistiquée qui associe des formes et des matériaux hétérogènes, qui

squatting the central spaces. The site that we transformed
was a cluster of this kind, originally occupied by two schools
and a wood warehouse. The cluster was razed. We proposed
a housing complex combining apartments with single-
family homes and little gardens; socialized lodging and
houses designed for sale. For us, the important thing was
to avoid creating a dualized architecture: one type of architecture for the level of 'social housing,' and another, more
sophisticated kind for the private dwellings. We wanted to
have the same architecture, the same elements, the same
brick, the same materials, the same roofs. Above all we mixed
the functions, in an almost random way. On rue des Capucins, the main street on the border of the cluster, we had
socialized housing, then ten single-family houses. On the
plaza, which is reached by a short passage, you will find
both social housing and private apartments. The tower is
occupied by a dozen socialized units.

CV The De Liefde operation in Amsterdam is rather large.
This had been the site of a Catholic church designed by the
great architect Cuypers, the author of the Rijksmuseum and
the Central Station. The church and two attendant schools
gave onto a boulevard and a canal. The program indicated
that the housing units had to be built along these through-
ways; the former gymnasium of the girls school, now ser-
ving as a church, also had to be preserved. We responded to
the lodging program, but we proposed modifications: creating a plaza and integrating a chapel for the parishioners
in one of the housing complexes. These modifications were
accepted. We placed a fountain in the middle of the very
open space of the plaza. On a larger scale, we also built a
central plaza for an enormous program in upper Brabant:
a courthouse, some 40,000 square meters.

JFC The plaza in front of the Théâtre des Abbesses in Paris
is tiny. But you find the same combination of the monumental and the intimate.

CV It's a marvelous spot, with the red façade decorated by
the American artist Robert Barry. Just in front of rue
Ravignan where Picasso painted *Les Demoiselles d'Avignon*.

JFC Of course you have studied the Italian cities very
closely.

PDW We are working right now on a project of two hundred
twenty-five housing units in the center of The Hague. The
central building is quite reminiscent of the central part of
the main plaza in Lucca. Perhaps it is an unconscious reference, but it is now visible. The plaza of Lucca is unforget-
table. Aldo Rossi refers to it in *The Architecture of the City*. It is the
result of a fourteenth-century transformation of a Roman
amphitheater. The houses were constructed on the founda-

combine des éléments empruntés aux répertoires classiques
et modernes avec une grande liberté, à la façon d'une œuvre
monumentale. On peut reconnaître les mêmes qualités
dans le projet Hoogfrankrijk à Maastricht et dans le projet
De Liefde à Amsterdam.

PRUDENT DE WISPELAERE Maastricht présente ce caractère
particulier que tout près du centre historique se trouvent
de grands îlots, délimités par des maisons assez modestes,
dont l'espace central a été squattérisé par des écoles, des industries et des entrepôts. Le site que nous avons transformé
était un îlot de ce type, occupé à l'origine par deux écoles et
un entrepôt de bois. L'îlot a été rasé. Et nous avons proposé
un ensemble de logements combinant des appartements et
des maisons unifamiliales avec des petits jardins ; des logements sociaux et des maisons destinées à la vente. Pour nous,
l'important était d'éviter de faire une architecture à deux
vitesses: une architecture de niveau 'logement social' d'un
côté et une autre architecture, plus soignée, qui serait les
logements privés. Nous avons voulu la même architecture,

tions of the galleries that supported the tiers of the amphitheater. They re-use the radiating weight-bearing walls. It is a perfect example of the 'permanence' of an historical form through re-use, as Rossi pointed out. The amphitheater transformed into a plaza persists in urban memory.

CV I have always admired the plaza of Pienza. Pope Pious II wanted to transform his native village into a city. He had a few buildings built around a plaza: a palace, a church, courthouse, while the rest of the village remained in the same state. The plan is magnificent, with a fountain adorning the tiny plaza.

JFC These models did not come so quickly to mind in the 1950s. How do you see your beginnings as an architect today? You were an associate of Lucien Kroll from 1952 to 1957. How did you meet? And how did your collaboration

◀ Lucca

◀▼ Siena

▼ Pienza, situation of the plaza

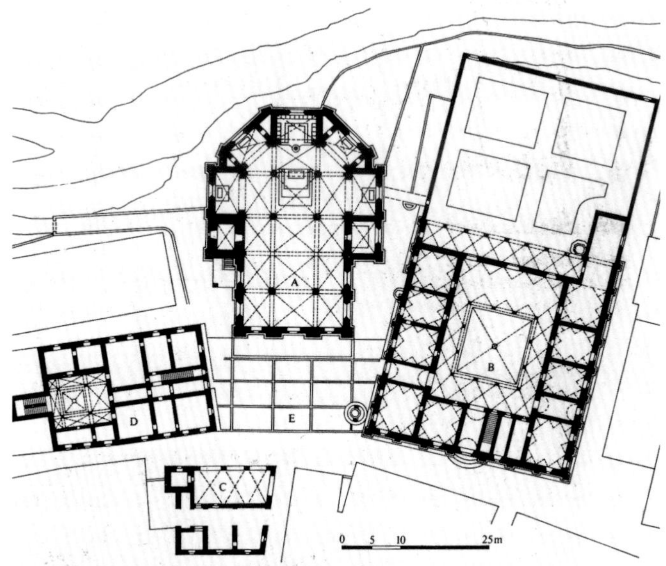

792 - PIENZA. PLAN D'ENSEMBLE.
(Dessin Giroux d'après *Pelican History*)
A *Cathédrale* - B *Palais Piccolomini* - C *Palais du Gouverneur* -
D *Palais épiscopal* - E *Place.*

les mêmes éléments, la même brique, les mêmes matériaux, les mêmes toitures. Nous avons, surtout, mélangé les fonctions, d'une manière quasi aléatoire. Sur la rue des Capucins, la rue principale en bordure d'îlot, nous avons du logement social puis une dizaine de maisons unifamiliales. Sur la place, à laquelle on parvient par un petit passage, se trouvent à la fois des logements sociaux et des appartements privés. La tour est occupée par une douzaine de logements sociaux.

CV L'opération De Liefde à Amsterdam est assez importante en dimensions. Ce site correspond à l'emplacement d'une église catholique qui avait été dessinée par le grand architecte de Cuypers, l'auteur du Rijksmuseum et de la Gare Centrale. Cette église et deux écoles attenantes donnaient sur un boulevard et sur le quai d'un canal. Le programme indiquait qu'il fallait construire des logements le long de ces voies ; il fallait également conserver l'ancienne salle de gymnastique de l'école des filles, qui servirait d'église. Nous avons répondu au programme de logement, mais nous avons proposé des modifications: nous avons proposé de créer une place et d'intégrer une chapelle pour les paroissiens dans un bâtiment de logements. Ces modifications ont été acceptées. Nous avons placé une fontaine au milieu de l'espace très dégagé de la place. Sur une plus grande échelle, nous avons également réalisé une place centrale pour un énorme programme dans le Haut Brabant: un Palais de Justice, dans les 40 000 m².

JFC Devant le Théâtre des Abbesses, à Paris, la place est minuscule. Mais on retrouve la combinaison du monumental et de l'intime.

CV C'est un endroit merveilleux. avec cette façade rouge décorée par l'artiste américain Robert Barry. Juste en face de la rue Ravignan où Picasso a peint *Les Demoiselles d'Avignon*.

JFC Vous avez bien sûr beaucoup regardé les villes italiennes.

PDW Nous travaillons en ce moment-même sur un projet de deux-cent-vingt logements au cœur de La Haye, dont le bâtiment principal rappelle beaucoup la partie centrale de la place de Lucca. C'était peut-être une référence inconsciente, mais elle est maintenant visible. La place de Lucca est inoubliable. Aldo Rossi en parle dans *L'Architecture de la ville*. Elle résulte de la transformation au XIVe siècle d'un amphithéâtre romain. Les maisons ont été construites sur les fondations des galeries qui supportaient les tribunes de l'amphithéâtre. Elles reprennent carrément les murs porteurs rayonnants des tribunes. C'est un parfait exemple de 'permanence' d'une forme historique par réemploi, comme le soulignait Rossi. L'amphithéâtre transformé en place persiste dans la mémoire urbaine.

CV J'ai toujours admiré la place de Pienza. Le pape Pie II

come to an end? It was in 1957, the year of an exhibition at the 11th Milan Triennial. At that time you were very interested in modern design, apparently with somewhat 'militant' convictions.

CV But I'm still 'militant.'

JFC Yes, but differently. Then you believed in modern design and the industrial aesthetic. Prudent found an image illustrating your participation with Lucien Kroll at the 2nd Furniture Biennial in Milan. It was the period of the New Bauhaus in Ulm. Earlier you had studied at La Cambre in Brussels, with Victor Bourgeois, until 1952. Victor Bourgeois was the classic figure of the *patron*. But you sought out other *patrons*. You wanted to meet other masters of modern architecture.

CV In 1956, Lucien Kroll and I organized an exhibition on the 'industrial aesthetic' at the Liège Fair. We invited Max Bill to come from Zurich to give a talk. Afterwards we went to Zurich, where we met Henry van de Velde. Alfred Roth and Max Bill were the ones who had brought Van de Velde to Zurich immediately after the war. I have warm memories of those five years working with Lucien Kroll, who was something like my guide and traveling companion. It was with him that I went to visit the great modern masters, as though on pilgrimages. We went to greet Auguste Perret at the foot of his staircase on rue Raymond, we were received by Le Corbusier at the Jesuits' Convent. We went to the inauguration of the Ulm School. Later our paths diverged; but that changes nothing of the past, and I have nothing to repudiate.

JFC So for you at the time, there was a Pantheon of modern architecture. And according to what you just said, you never burnt the idols of the past. But is there an exemplary figure of the architect-artist, or the artist-architect, for you today? As we prepared for this meeting, we spoke of Loos and of Ledoux, the Ledoux of the Ideal City, who has been revived or reread as one of the ancestors of modern architecture, at least since the famous book by Emil Kaufmann, *Von Ledoux bis Le Corbusier*. We went back in time, all the way to Palladio. And it is finally there that the ideal lies for you, at the time of the Renaissance, inspired by Italy, constructed in 1565, an ideal which you restored, adapted, interpreted. It's like a dream. The Renaissance seems to be such a reference for you that you tend to identify yourself with the creators of that period. I remember an interview with Irmeline Lebeer where you said that you wished the work of the artists who collaborate with you could be inscribed in your work, as it was in the Renaissance. 'It's very ambitious,' you added. How did you discover this ideal of

avait voulu transformer son village natal en une ville. Il a fait construire quelques bâtiments autour d'une place: un palais, une église, un palais de justice, tandis que le reste du village est resté dans son état. Le plan est magnifique, avec la place minuscule ornée d'une fontaine.

JFC Ces modèles n'étaient pas aussi présents dans les années cinquante. Comment vois-tu aujourd'hui tes débuts d'architecte ? Tu as été associé à Lucien Kroll de 1952 à 1957. Comment vous étiez-vous connus ? Et comment avez-vous interrompu votre collaboration ? C'était en 1957, au moment d'une exposition à la XIème Triennale de Milan. À l'époque, tu t'intéressais beaucoup au design moderne, avec, semble-t-il, des convictions un peu 'militantes'.

CV Mais je suis toujours 'militant'.

JFC Oui, mais différemment. Tu croyais alors au design moderne et à l'esthétique industrielle. Prudent a retrouvé une image illustrant ta participation avec Lucien Kroll à la IIème Biennale du mobilier de Milan. C'était la période du Nouveau Bauhaus d'Ulm. Antérieurement, tu avais étudié

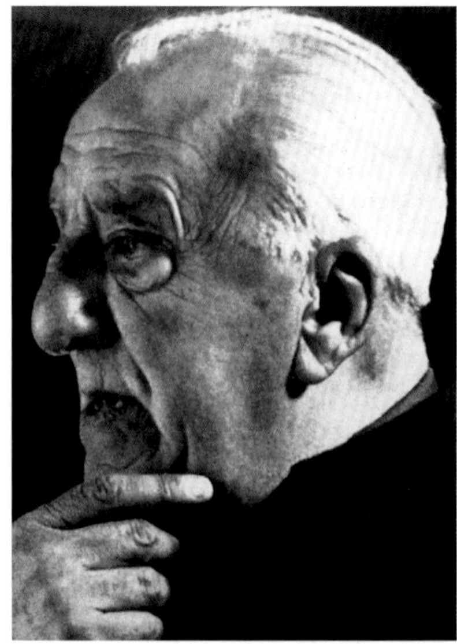

the Renaissance? Do you see any relation with the modern tradition embodied by the Bauhaus up to the 1950s?

CV Prudent can answer that. But it's true, I still have the desire to work with artists, and we'll talk about that.

PDW Indeed, one can ask the question of the relation between Charles Vandenhove's work and two periods as distant as the Italian Renaissance and the grand years of the Bauhaus, after 1919. Finally, if there is a link, if there is a common element, it is 'man'. The Renaissance is the appearance of man as an individual, whose destiny is to be fulfilled on this earth. It is European man, with or without the reference to Antiquity, because the Renaissance would have happened even without that. Man is the central point.

◄▲ Furniture by Vandenhove, Italy 1958

◄ Henry van de Velde

◄▼ B. Ruckschcio and R. Schachel, *Adolf Loos*

▼ Atelier Victor Bourgeois, La Cambre, 1952

▼▼ Claude Nicolas Ledoux's project

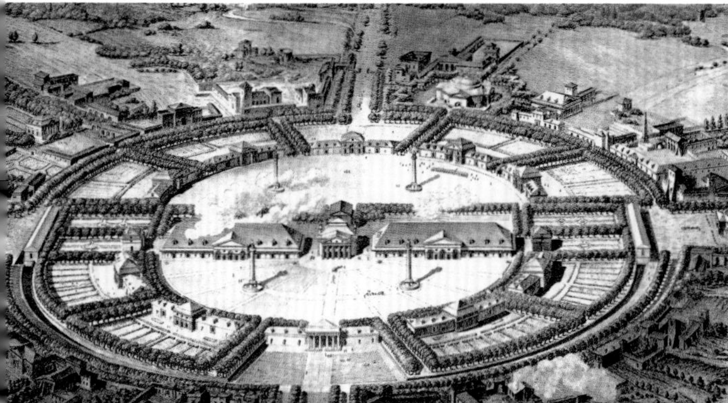

à La Cambre, à Bruxelles, avec Victor Bourgeois, jusqu'en 1952. Victor Bourgeois était la figure type du 'patron'. Mais tu en as rencontré d'autres. Tu as voulu connaître d'autres maîtres de l'architecture moderne, d'autres patrons.

CV En 1956, nous avons organisé, Lucien Kroll et moi-même, une exposition sur 'l'esthétique industrielle' dans le cadre de la Foire de Liège. Nous avons invité Max Bill de Zurich à venir faire une conférence. Ensuite, nous sommes allés à Zurich, où nous avons rencontré Henry van de Velde. Ce sont Alfred Roth et Max Bill qui avaient fait venir van de Velde à Zurich tout de suite après la guerre. J'ai conservé un souvenir ému des cinq années de collaboration avec Lucien Kroll, qui était un peu mon guide et un compagnon de route. C'est avec lui que je suis allé rendre visite aux grands maîtres modernes, comme en pélerinage. Nous sommes allés saluer Auguste Perret au bas de son escalier, rue Raynouard, nous avons été reçus par Le Corbusier au Couvent des Jésuites. Nous sommes allés à l'inauguration de l'Ecole d'Ulm. Plus tard, nos itinéraires ont divergé, mais cela ne change rien au passé, dont je ne renie rien.

JFC Il y avait donc pour toi à l'époque un Panthéon de l'architecture moderne. Et d'après ce que tu viens de dire, tu n'as jamais brûlé les idoles du passé. Mais existe-t-il pour toi aujourd'hui une figure exemplaire de l'architecte-artiste, ou de l'artiste-architecte ? Quand nous préparions cette rencontre, nous avons beaucoup parlé de Loos, de Ledoux, du Ledoux de la Ville idéale, qui a été revu, relu, comme un des ancêtres de l'architecture moderne, au moins depuis le fameux livre d'Emil Kaufmann *De Ledoux à Le Corbusier*. Nous avons remonté le temps jusqu'à Palladio. Et, finalement, c'est là que se fixe pour toi l'idéal, à l'époque de la Renaissance, d'inspiration italienne, construit en 1565, que tu as restauré, adapté, interprété. C'est comme un rêve. La Renaissance semble être pour toi une telle référence que tu tends à t'identifier aux créateurs de cette époque. Je me souviens d'un entretien avec Irmeline Lebeer où tu disais souhaiter que le travail des artistes qui collaborent avec toi puisse s'inscrire dans ton travail, comme cela se faisait à la Renaissance. Tu ajoutais: 'C'est très ambitieux'. Comment as-tu découvert cet idéal de la Renaissance ? Vois-tu une relation avec la tradition moderne incarnée par le Bauhaus jusque dans les années cinquante ?

CV C'est Prudent qui va répondre. Mais c'est vrai, j'ai conservé mon désir de travailler avec des artistes, et nous en reparlerons.

PDW On peut en effet se poser la question de la relation entre le travail de Charles Vandenhove et deux périodes aussi distantes que la Renaissance italienne et les années fastes du

Four centuries later, at the moment of the Bauhaus, man is again placed at the center. Among the guiding ideas of Gropius's text there is the reconciliation of all the artistic disciplines under the aegis of architecture, with the hope of a new man, assured of his place in the world and in his time. And then – though this may be where the Bauhaus faltered, by setting its sights too high – there was the idea of reconciling art and craftsmanship, in the perspective of a total art. Charles Vandenhove's approach is not far from this ambition. He tries to put it to work at the everyday level. With his collaborators, but also, as he said, with his commissioners. It is an everyday attempt to share a bit of fervor and to bring together all the people directly or indirectly implicated in the act of building. There may also be a particular effort to stimulate the craftsmen, who unfortunately form something like a vanishing species, but with whom it is still necessary to try to go a little further to reawaken creativity. Under these conditions, architecture is a collective work. Each one is in his place, but the aim is for a total art.

JFC Yet there is a great difference between the twentieth century and the Renaissance, which is the constitution of a mass society. One has to build for the largest number. And you have not avoided this obligation. At the same time, the intervention that went furthest in that direction did not come out perfectly well, and I think that Charles still has some difficulty in talking about it even today.

CV You are thinking of the Sart Tilman University Hospital Center in Liège.

JFC Yes, it was an enormous project. The studies began in 1962 and the building has been used since 1986, in a way which does not fit your project. The extreme complexity of such a program must have upset the habits and functioning of your office.

CV No, it didn't change anything. But from the very beginning the project was a mistake, a great mistake, and for two reasons. First it was a mistake to construct a twelve-hundred-bed hospital for a declining city, which had no perspectives for any corresponding development. It was also a mistake to have transported this facility twenty-five kilometers away from the city center. It is true that all the European cities have isolated these kinds of huge facilities on the periphery. I can say that for twenty years I collaborated closely with a commission of university professors, with great enthusiasm. There was an incredible idealism: we wanted to build an ideal hospital! And it is true that a hospital, today, is like a church in the Middle Ages. Everyone goes there. You come into the world there, you

are cared for there, you die there. With this commission of professors, of doctors, we wanted to make a great home where people are welcomed and cared for. But this idea got lost. Several different factors came into play. We suffered the consequences of the initial errors: the disproportionate size and the mistaken site. Until finally I was informed that this would no longer be my problem. Now the hospital is more or less well inhabited. That's what I can say about it.

JFC When one visits the hospital today, the alterations suffered by your project are visible; but one can also appreciate the way you sought to illuminate or even transfigure the cumbersome machinery of the hospital. Hospitals are often cities within cities, at once very powerful and often sinister. You sought openness, light, particularly in the

◄ La verrière, CHU, Sart Tilman, Liège, classified as a historic monument 1995

▼ Hall, CHU, Sart Tilman, Liège

▼▼ Sol LeWitt, wall panelling, CHU, Sart Tilman, Liège

veur et rassembler toutes les personnes directement ou indirectement impliquées dans l'acte de bâtir. Il y a peut-être un effort particulier pour stimuler les artisans qui forment malheureusement une espèce en voie de disparition mais avec lesquels il faut toujours essayer d'aller un peu plus loin pour relancer la création. Dans ces conditions, l'architecture est une œuvre collective. Chacun est à sa place mais il y a une visée d'art total.

JFC Il y a toutefois une grande différence entre le XXème siècle et la Renaissance, c'est l'apparition du grand nombre et la constitution d'une société de masse. Il faut construire pour le grand nombre. Et vous n'avez pas évité cette obligation. En même temps, l'intervention la plus importante dans cette direction n'a pas été très heureuse, et, aujourd'hui encore, Charles a des difficultés, je crois, à en parler.

CV Tu penses au CHU du Sart Tilman à Liège.

JFC Oui, c'était un énorme projet. Les études ont commencées en 1962 et le bâtiment est utilisé depuis 1986, d'une manière qui ne correspond pas à ton projet. L'extrême complexité d'un tel programme a dû bouleverser tes habitudes et le fonctionnement de ton agence.

CV Non, cela n'a rien modifié. Mais dès le départ, le projet était une erreur, une grande erreur, et à double titre. C'était une erreur, d'abord, de vouloir construire un hôpital de douze cents lits pour une ville sinistrée, qui n'avait pas de perspectives de développement correspondant. C'était également une erreur d'avoir transporté cet équipement à vingt-cinq kilomètres du centre-ville. À vrai dire, toutes les villes d'Europe ont isolé d'énormes équipements de ce type en périphérie. Je peux dire que pendant vingt ans, j'ai collaboré étroitement avec une commission de professeurs de faculté, dans un grand enthousiasme. Il y avait un idéal incroyable: on voulait faire un hôpital idéal ! Et il est vrai qu'un hôpital, aujourd'hui, c'est comme une église au Moyen-âge. Tout le monde s'y rend. On y vient au monde, on y est soigné, et on y meurt. Avec cette commission de professeurs, de médecins, nous voulions faire une grande maison où l'on soigne et accueille des personnes. Mais cette idée s'est perdue. De nombreux facteurs ont joué. Nous avons subi les conséquences des erreurs de départ: le surdimensionnement et le mauvais emplacement. Jusqu'au point où l'on m'a fait comprendre que ce n'était plus mon affaire. Maintenant, l'hôpital est habité plus ou moins bien. Voilà ce que je peux dire.

JFC Quand on visite aujourd'hui l'hôpital, on peut constater les altérations qu'a subies ton projet, mais on peut aussi apprécier la manière dont tu as cherché à éclairer, voire transfigurer, la lourde machinerie hospitalière. Les hôpitaux sont souvent des villes dans la ville, à la fois très forts et souvent

huge entry hall, which unfortunately is not used as it should be, but also in the immense network of corridors and circulation from one story to the other, which in the basement can even evoke a Piranesian architecture. You called upon artists, painters, to help you in this work, to bring in color, to transfigure the functional structure of the building, its rigor, its divisions.

CV The artists' contributions to such a project are not simply decorative, they are functional, practical. I originally had two ideas in mind. On the one hand, I wanted to protect the lower part of the walls in all the corridors of the hospital complex, and even in the patients' rooms, the polyclinics, without any hierarchy. Everywhere we protected the lower part of the walls with solid wooden paneling, and that is where the painters intervened. I was also thinking of an artist, Simon Hantaï, who paints with folded canvases that have neither beginning nor end. It is with him that we perfected the technique of the sheet-metal plates vitrified at 850 degrees Celsius, providing at once sufficient resistance and a good support structure for the color. We did numerous tests with other materials, but we lost the brilliancy of the colors. This is how we reached the solution of enamel vitrified on steel. But around 1980, Hantaï decided to withdraw from the art world, to no longer exhibit or appear. He therefore withdrew from this project as well. It was then that I invited eight to ten artists, who agreed to do the silk-screens on steel.

JFC The collaboration you maintain with artists, and your way of associating them with your work as an architect, is finally very rare today. In this regard I'd like to return to Torrentius House, where you called on Olivier Debré…

CV He did a project for the ceiling and he painted directly on a wooden wall panel. But we have invented nothing in that respect. Already in the Renaissance, the architect Lambert Lombard had the walls covered with paintings. We have some relatively well-preserved vestiges of them.

JFC There is also the vault by Daniel Buren in the entryway, which is equally spectacular. You generally favor painters and artists who have a sense of decoration or ornament, who work on repetitive or modular forms, on non-figurative patterns. But you have also brought in sculptors and photographers. When I say photographers, I am thinking of the very recent intervention by Jeff Wall at the courthouse in The Hague, which will be inaugurated in just a few days. In every case what interests you is an art that goes beyond the frame of the autonomous object, and particularly, the easel picture. In Simon Hantaï's work, painting goes beyond the limits of the frame; as you said, it has nei-

sinistres. Tu as cherché l'ouverture, la clarté, notamment dans l'immense hall d'accueil, qui n'est malheureusement pas utilisé comme il devrait l'être, mais aussi dans l'immense réseau de couloirs et de circulations d'un étage à l'autre, qui peuvent même évoquer en sous-sol une architecture à la Piranèse. Tu as fait appel à des artistes, à des peintres, pour t'aider dans ce travail, pour introduire la couleur, pour transfigurer la structure fonctionnelle du bâtiment, sa rigueur, ses divisions.

CV Les interventions d'artistes dans un tel projet ne sont pas purement décoratives, elles sont fonctionnelles, pratiques. J'avais à l'origine deux idées en tête. Je voulais, d'une part, protéger le bas des murs dans tous les couloirs du centre hospitalier, et même dans les chambres des malades, dans les salles polycliniques, sans hiérarchie. Partout, effectivement, nous avons protégé le bas des murs par un lambris solide, et c'est là que sont intervenus les peintres. Par ailleurs, je pensais à un artiste, Simon Hantaï, qui fait une peinture de toiles pliées, sans début ni fin. C'est avec lui que

ther beginning nor end. In the interview with Irmeline Lebeer that I mentioned before, you said that Hantaï's painting is 'almost blind,' that it 'can become a wall.' So it is by developing its own tendencies that art can participate in architecture, contribute to the construction of an environment. This expansive tendency may affect color, ornamental motifs, signs, traces, or figures, depending on the particular case. It is the movement that you capture and introduce into your architecture, as an element that accentuates the spatial dynamic inscribed in the lines, the forms, and the architectural volumes. You do not put art at the center of your architecture. You do not seek tension, conflict. But you organize and exalt the inscription of art, and sometimes its expansion into the architecture, to the point where it attains an effect of presence and almost obsessive diffusion, which can even appear invasive.

CV I have always believed and still believe in the future of

▼ Olivier Debré, Hôtel Torrentius, Liège

nous avons mis au point la technique de tôles vitrifiées à 850 degrés qui donne à la fois suffisamment de résistance et un bon support pour la couleur. Nous avons fait de nombreux essais avec d'autres matériaux mais nous perdions l'éclat des couleurs. C'est ainsi que nous sommes arrivés à la solution de l'émail vitrifié sur acier. Mais, autour de 1980, Hantaï a décidé de se retirer du milieu de l'art, de ne plus exposer, de ne plus se manifester. Il s'est donc retiré également de ce projet. C'est alors que j'ai invité huit à dix artistes qui ont accepté de faire des sérigraphies sur acier.

JFC Cette collaboration que tu entretiens avec des artistes, et cette manière de les associer à ton travail d'architectes sont finalement très rares aujourd'hui. Je te propose de revenir à l'Hôtel Torrentius où tu as fait travailler Olivier Debré…

CV Il a fait un projet pour un plafond et un lambris peint à même le mur. Mais nous n'inventons rien. Déjà à la Renaissance, l'architecte Lambert Lombard avait fait couvrir les murs par des peintures, dont nous avons quelques vestiges relativement bien conservés.

JFC Il y a aussi la voûte de Daniel Buren dans l'entrée, qui est également très spectaculaire. Généralement, tu privilégies des peintres et des artistes qui ont le sens de la décoration ou de l'ornement, qui travaillent sur des formes répétitives ou modulables, sur des patterns non figuratifs. Mais tu as fait travailler aussi des sculpteurs et des photographes. Quand je dis photographes, je pense à l'intervention très récente de Jeff Wall pour le Palais de Justice qui va être inauguré dans quelques jours. Dans tous les cas, ce qui t'intéresse, c'est un art qui sort du cadre de l'objet autonome, du tableau en particulier. Chez Simon Hantaï, la peinture sort des limites du cadre ; comme tu l'as dit, elle n'a ni début ni fin. Au cours d'un entretien avec Irmeline Lebeer, que j'ai déjà cité, tu disais que la peinture de Hantaï est 'presque aveugle', qu'elle 'peut devenir un mur'. C'est donc en développant ses propres tendances que l'art peut participer à l'architecture, contribuer à la construction d'un environnement. Il y a dans l'inclination d'expansion de la couleur, du motif ornemental, du signe, de la trace, de la figure, selon les cas. C'est ce mouvement que tu captes et que tu introduis dans ton architecture comme un élément d'accentuation de la dynamique spatiale inscrite dans les lignes, dans les formes et les volumes architecturaux. Tu ne mets pas l'art au centre de ton architecture. Tu ne cherches pas la tension, le conflit. Mais tu organises et exaltes son inscription et parfois même son expansion dans l'architecture, jusqu'à un effet de présence et de diffusion quasiment obsédant, qui peut apparaître même envahissant.

CV J'ai toujours cru et je crois encore à l'avenir d'une inté-

an integration of art to architecture. But what is needed is a true integration: the risk is that the work should retain its autonomy, like something added on. All the artists that I have called upon have been able to avoid this problem. They have created very powerful works, which are sometime very present in the architecture. For the Theater of The Hague, Sol LeWitt's intervention covers almost 600 square meters. At the 's-Hertogenbosch courthouse, we chose to create tapestries. The commissioner accepts these interventions because they always have a practical side. For the hospital complex in Liège, as I said, we did decorative paneling that protected the walls. At the courthouse, the tapestries are placed over the oak-paneled walls and have an acoustic function. They are some thirty original works, each 2 × 10 meters, covering an enormous surface, hundreds of square meters all told. Like the painting at the hospital complex, the tapestry invades the building. As for what you have to avoid, history gives us lots of examples. I will take two from the Renaissance. At Villa Maser, Veronese worked at the request of the client, but maybe not at Palladio's request; he painted an architecture within the architecture which destroyed the building. In the same way, Michelangelo destroyed the Sistine Chapel by painting his extraordinary frescos, which constitute a work in themselves, without any relation to the architecture. Finally, when Le Corbusier built the Ronchamp Chapel, his friend Fernand Léger asked him: 'Let me design your stained-glass windows and door.' Le Corbusier refused: 'No, you're going to screw up my building!' I could add a word about the Royal Theater of The Hague. We carried out this operation in 1991. The painted walls of the vestibule are by Sol LeWitt. But we made the mistake of laying a floor of alternating black-and-white flagstones, which alter the work by Sol LeWitt, and the architectural space. We fought to correct this mistake and to change the floor, and we are going to do it.

JFC Another, more difficult situation came up recently with another theater, the Théâtre des Abbesses in Paris, with the paintings by Olivier Debré inside the theater, and Robert Barry's work on the facings of the balconies. The current director maintains that these interventions are too powerful, too present; that they interfere with the plays and limit the use of the theater. Which shows how much room you give to the artists!

CV I am sad about that. The director of the Théâtre des Abbesses, Gérard Violette, also directs the Théâtre de la Ville on Châtelet plaza. I received the commission from the Paris Office of Cultural Affairs. Gérard Violette became the

gration de l'art à l'architecture. Mais il faut justement une vraie intégration: le risque est que l'œuvre conserve son autonomie, comme une pièce rapportée. Tous les artistes que j'ai sollicités ont su éviter ce travers. Ils ont créé des œuvres très fortes et parfois très présentes mais dans l'architecture. Pour le Théâtre de La Haye, l'intervention de Sol LeWitt couvre près de 600 m². Au Palais de Justice à 's-Hertogenbosch, nous avons choisi de réaliser des tapisseries. Le maître d'ouvrage accepte ces interventions parce qu'elles ont toujours un côté pratique. Pour le centre hospitalier de Liège, comme je l'ai déjà dit, on faisait des lambris décorés en protégeant les murs. Au Palais de Justice, les tapisseries placées au-dessus des lambris en chêne ont une fonction acoustique. Ce sont une trentaine d'œuvres originales, de 2 mètres sur 10, qui couvrent au total une surface énorme: des centaines de mètres carrés. La tapisserie, comme la peinture au CHU, envahit le bâtiment. Ce qu'il faut éviter, on en a de nombreux exemples dans l'histoire. Je prends deux exemples de la Renaisance. À la Villa Maser, Véronèse est intervenu à

director of the Théâtre des Abbesses much later. We didn't speak at the moment of the commission. I can respect his conception of the theater. But their are different approaches. No one would have the idea of camouflaging the painting of the dome at the Opéra Garnier. Plays can be staged in a theater of this kind, as they can be staged out on the street or in black, modular theaters. The three approaches exist.

PDW We could bring up the project of the Théâtre de la Monnaie in Brussels, to nuance the idea that the artists must respect the architect's requirements. In this case, the artists felt themselves somewhat constrained, and they went beyond the limits that were proposed. In fact, the director of the theater, Gérard Mortier, had invited Charles

◀ Jean-Pierre Pincemin, Le Balloir, Liège

◀▼ Daniel Buren and Giulio Paolini, Théâtre de la Monnaie, Brussels

◀▼ Sol LeWitt, Koninklijke Schouwburg, The Hague

▼▼ Middelheim, Antwerp

la demande du maître d'ouvrage, mais peut-être pas à la demande de Palladio ; il a dessiné une architecture dans l'architecture qui détruit le bâtiment. De même, Michel-Ange a détruit la Chapelle Sixtine en peignant ses fresques extra-ordinaires, qui constituent une œuvre en soi, sans relation avec l'architecture. Enfin, quand Le Corbusier a construit la Chapelle de Ronchamp, son ami Fernand Léger lui a demandé: 'Laisse-moi dessiner tes vitraux et ta porte'. Le Corbusier a refusé: 'Non, tu vas foutre mon bâtiment en l'air'. On peut dire un mot sur le Théâtre Royal de La Haye. Nous avions réalisé cette opération en 1991. Les murs peints du vestibules sont de Sol LeWitt. Mais nous avions fait l'erreur de mettre un pavement en pierres alternées noir et blanc, qui altère l'œuvre de Sol LeWitt et l'espace architectural. Nous nous sommes battus pour pouvoir corriger cette erreur et changer le sol, et nous allons le faire.

JFC Une autre situation difficile, plus difficile, s'est présentée récemment dans un autre théâtre, celui des Abbesses, à Paris, avec les toiles d'Olivier Debré et les gardes-corps de Robert Barry dans la salle de spectacle. Le directeur actuel du théâtre soutient que ces interventions sont trop fortes, trop présentes ; qu'elles interfèrent avec les spectacles et limitent l'usage de la salle. C'est dire quelle place tu donnes aux artistes !

CV Je suis un peu triste. Le directeur du Théâtre des Abbesses, Gérard Violette, dirige également le Théâtre de la Ville sur la place du Châtelet. J'avais reçu la commande de la direction des Affaires culturelles de la Ville de Paris. Gérard Violette a pris bien plus tard la direction des Abbesses. Nous n'en avons pas parlé au moment de la commande. Je peux respecter sa conception du théâtre. Mais les tendances sont multiples. Personne n'aura l'idée de camoufler la peinture du dôme de l'Opéra Garnier. On peut faire du théâtre dans une salle de ce type, comme on peut en faire dans la rue ou dans des salles noires transformables. Les trois tendances existent.

PDW On peut s'arrêter un peu sur le projet du Théâtre de la Monnaie à Bruxelles pour nuancer l'idée que les artistes doivent respecter les contraintes de l'architecte. Dans ce cas, les artistes se sont sentis un peu à l'étroit et ont débordé les limites qui leur étaient proposées. En vérité, en 1986, le patron de la Monnaie, Gérard Mortier, avait invité Charles Vandenhove pour la rénovation du Salon Royal non pas comme architecte mais comme artiste. À cette époque-là, une rénovation lourde du théâtre était déjà engagée. Le Salon Royal est un élément de dimensions modestes dans l'ensemble de l'édifice ; c'est un local de 8 × 4 mètres en superficie et de trois mètres de hauteur. Daniel Buren et Giulio Paolini se

Vandenhove for the renovation of the Salon Royal not as an architect but as an artist. At that time, a thorough-going renovation of the theater was already underway. The Salon Royal is a relatively small part of the whole building: it is a surface of 4 × 8 meters, 3 meters high. Daniel Buren and Giulio Paolini joined in the undertaking. But Buren found the zone on the floor that had been accorded to him too small. He spilled over onto the walls, which gave dynamism to the space. Paolini, for his part, began to weave his web in space. Charles Vandenhove's intervention was to form a link between the proposals of Buren and Paolini. It is also as an artist-architect that Charles was invited to construct the Middleheim sculpture park in Antwerp. There, everything is turned around. The architect intervenes as a sculptor. Is what he constructs a building or a sculpture? We come to a point where the divide between art and architecture tends to disappear.

JFC In the history of built things, one can distinguish a type of edifice where function and art can be closely associated: the house. The house, and not housing, which is already a modern notion marked by functionalism. In our earlier discussions we came to the conclusion that the house, the idea and the ideal of the house, is at the center of the architectural thinking of the Vandenhove atelier. This time the story begins not in 1978 but eleven years earlier, in 1967, with the Schoffeniels house. This sequence is a tribute to the house in all its guises, as you imagined it for various clients, and with them. It includes the Marie Dufays house (1969-1970), of which the photographer François Hers has made a very fine view. In every case the house results from an elaborate mental construction, shared with the client; it also corresponds to a landscape, it is inscribed in a site. All that is particularly apparent in these two houses carried out for a painter from Liège, Léon Wuidar; the second was completed quite recently, in 1995, twenty years after the first.

CV Yes, one needs to reach a perfect understanding with the client. And he must be patient, because sometimes it takes a long time, it takes a minimum of one or two years to do a house. We must be particularly respectful of the program and the budget.

JFC The house can be a collective dwelling. What have your relations with the commissioners been like in these cases?

CV The ideal commissioner is abbot Gerratz, who runs the Maison Heureuse, a charitable institution in Liège. Over thirty years we have done five or six houses for him. The last one was the transformation of Le Balloir, the Girl's

sont joints à l'entreprise. Mais Buren a trouvé trop étroite la zone au sol qui lui avait été impartie. Il a débordé sur les murs, ce qui a dynamisé l'espace. Paolini, de son côté, a commencé à tisser sa toile dans l'espace. L'intervention de Charles Vandenhove a été de faire le lien entre les propositions de Buren et de Paolini. C'est également comme artiste-architecte que Charles a été invité à construire dans le parc de sculptures de Middelheim à Anvers. Là, les pistes sont totalement brouillées. L'architecte intervient comme un sculpteur. Ce qu'il construit, est-ce un bâtiment ou une sculpture? Nous arrivons au point où la limite entre art et architecture tend à s'effacer.

JFC Dans l'histoire des choses bâties, on peut distinguer un type d'édifice où la fonction et l'art peuvent être étroitement associés, c'est la maison. La maison, et non pas le logement qui est déjà une notion moderne marquée par le fonctionnalisme. La maison est une raison d'être et un idéal de l'architecture comme métier et comme art. Dans nos discussions antérieures, nous sommes arrivés à la conclusion que la mai-

Orphanage of the city of Liège. Today it is at once a day-care center, a children's hospice, and a seniors' residence. The main building is the Sainte-Barbe house, on Sainte-Barbe plaza. It extends along the bank of the Meuse, facing the Curtius Museum which I already mentioned.

PDW The program is very complex and the buildings were added on to each other like a collage over the centuries. The oldest dates from the late sixteenth century. At the heart of the village there was a neo-Gothic church of 1850, which we decided to preserve, after much discussion: it is the soul of the complex, and also it was technically quite difficult to do away with it. So we recovered all the existing surfaces to carry out the program elaborated with abbot Gerratz. All told it is not only a house, it is a piece of city,

◄ House Schoffeniels, Olne

◄▼ House Marie Dufays, Saint André

▼ House Léon Wuidar, Esneux

▼▼ Le Balloir, Liège

son, l'idée et l'idéal de la maison, est au centre de la pensée architecturale de l'atelier Vandenhove. Cette fois, l'histoire commence non plus en 1978 mais onze années plus tôt, en 1967, avec la maison Schoffeniels. C'est un éloge de la maison, dans tous ses états, telle que tu l'as imaginée, pour divers maîtres d'ouvrage et avec eux. La séquence inclut la maison de Marie Dufays (1969-1970), dont le photographe François Hers a réalisé une très belle vue. Dans tous les cas, la maison résulte d'une construction mentale élaborée, partagée avec le commanditaire ; elle correspond aussi à un paysage, elle s'inscrit dans un site. Tout cela est particulièrement sensible dans les deux maisons réalisées pour le peintre liégeois Léon Wuidar ; la seconde achevée tout récemment, en 1995, vingt ans après la première.

CV Il faut une entente parfaite avec le maître d'ouvrage. Il doit être patient, car parfois c'est un peu long, il faut un an ou deux au minimum pour faire une maison. Nous, nous devons être très respectueux du programme et du budget.

JFC La maison peut être une habitation collective. Quelles ont été dans ce cas tes relations avec les maîtres d'ouvrage ?

CV Le client idéal, c'est l'abbé Gerratz, le patron de la Maison Heureuse, une institution caritative à Liège. En trente ans, nous avons fait pour lui cinq ou six maisons. La dernière, c'est la transformation de l'orphelinat de filles de la Ville de Liège: Le Balloir. Aujourd'hui, c'est à la fois une crèche, une maison d'accueil pour enfants et une résidence pour le troisième âge. Le bâtiment principal est la maison Sainte-Barbe, place Sainte-Barbe. Il s'étend sur le bord de la Meuse, face au Musée Curtius que j'ai déjà mentionné.

PDW Le programme est très complexe et les bâtiments se sont additionnés comme un collage sur plusieurs siècles. Le bâtiment le plus ancien date de la fin du xvie siècle. Au cœur du village, il y avait une église néogothique de 1850, que nous avons décidé de conserver, après beaucoup de discussions: c'est l'âme du complexe et, de plus, techniquement il était difficile de l'écarter. Nous avons donc récupéré l'ensemble des surfaces pour réaliser le programme élaboré avec l'abbé Gerratz. Au total, ce n'est plus seulement une maison, c'est un morceau de ville, avec une activité sociale très riche, puisqu'il y a à la fois des enfants, accueillis à des titres divers, des personnes âgées, et les visiteurs d'un magasin de seconde main installé dans l'ancienne église. La tour, à l'extrémité où sont logés des personnes âgées, est aujourd'hui un repère visuel le long de la Meuse. Bien que détachée, elle reste intégrée à l'ensemble composite que forme Le Balloir.

JFC Nous avons décidé de terminer sur une séquence d'images traitant d'un motif emblématique de l'atelier Vandenhove: l'escalier. De même que la place est une forme urbaine

with very rich social activity, since there are at once children, taken in for various reasons, old people, and visitors to a second-hand store installed in the old church. The tower at the end where the elderly are housed is now a visual landmark along the Meuse. Although detached, it remains integrated to the composite whole of Le Balloir.
JFC We decided to close with a sequence of images dealing with an emblematic motif of the Vandenhove atelier: the staircase. Just as the plaza is an exemplary urban form, condensing domestic or communal intimacy and civic monumentality, so the stairway can be considered the symbol of the ideal house, whether it is located in a private residence or a courthouse. It is not a ramp, as Le Corbusier proposed, nor a ladder, as it tends to become under the economic or puritan norms of standardized habitat. It is not only an element of interior circulation. It is at once a sculptural object and a passage, combining transparency and opacity, thanks to its weight. It sums up the permanence of an art of architecture which does not dissociate the monumental public building and the house.
PDW We have alternated views of Renaissance stairways, which are models or references for us, and views of our own buildings. We looked very closely at the monumental staircase of the Laurentian Library in Florence, by Michelangelo, at the drawings of Leonardo da Vinci, and, of course, at Palladio's staircases in Venice.
CV The staircases of the courthouse now under construction have a monumental dimension. But even in the private houses we give great importance to this sculptural and dynamic element which governs the movement between the stories. We put special effort into the design of the staircases of the Schoffeniels house and the second Wuidar house. In the Delforge house in Namur, we installed a double spiral staircase, which is obviously excessive for a small house. But if the excessive is possible, it should be realized.

exemplaire, condensant intimité domestique ou communautaire et monumentalité civique, de même, l'escalier peut être considéré comme le symbole de la maison idéale, qu'il soit situé dans une demeure privée ou dans un palais de justice. Ce n'est pas une rampe, comme le voulait Le Corbusier, ni une échelle, comme le veulent les normes économiques ou puritaines de l'habitat standardisé. Ce n'est pas seulement un élément de circulation intérieure. C'est à la fois un objet sculptural et un passage, qui conjugue opacité et transparence, grâce et pesanteur. L'escalier crée de l'ombre et capte la lumière. Il résume la permanence d'un art de l'architecture dans lequel l'édifice public monumental et la maison ne sont pas dissociés.
PDW Nous avons alterné des vues d'escaliers de la Renaissance, qui sont pour nous des modèles ou des références, avec des vues de nos propres bâtiments. Nous avons beaucoup regardé l'escalier monumental de la Bibliothèque Laurentienne de Michel-Ange à Florence, les dessins de Léonard de Vinci, et, bien sûr les escaliers de Palladio à Venise.
CV Les escaliers du Palais de Justice en cours de construction ont une dimension monumentale. Mais, même dans les maisons particulières, nous donnons une grande importance à cet élément sculptural et dynamique qui règle le mouvement entre les étages. L'escalier de la maison Schoffeniels et celui de la seconde maison Wuidar sont très dessinés. Dans la maison Delforge de Namur, nous avons installé un escalier à double rotation. C'est évidemment excessif pour une maison de petites dimensions. Mais si l'excessif est possible, il faut le faire.

▶ Staircases, from left to right and from top to bottom: Michelangelo, Biblioteca Laurenziana, Florence; Palladio, Accademia, Venice; Charles Vandenhove, INICHAR, Liège; Charles Vandenhove, House Wuidar, Esneux; Charles Vandenhove, House Schoffeniels, Olne; Charles Vandenhove, House Delforge, Namur; Palladio, Accademia, Venice; Leonardo da Vinci, Chateau de Châmbord

Projects Projecten 1995-2000

Staarlocatie

Maastricht (NL) Construction of 25 dwellings and offices around a public square beside the Vrijthof, in the historic centre of Maastricht.
Competition 1988 – completion 1999

Het Zieken

Huygensgracht, The Hague (NL) On the Public Works building site, the design envisages the construction of an ensemble of 220 dwellings. Along Het Zieken and the Groenewegje rises an ensemble of apartments, forming a curved wall. Opposite there is a row of houses with four floors that closes the alignment from Huygenspark. At the centre of the block there is a spacious elliptical public square entirely surrounded by housing on three storeys.
Competition 1987 – completion 1998

Sloterkade

Amsterdam (NL) Conversion of an office building into
39 apartments along Sloterkade, opposite the Vondelpark.
Design 1996 – completion 1999

Poort van Breda

Breda (NL) Construction of sixty dwellings and offices in Breda opposite the Valkenberg park. Each of the corners of the site, formed by the junction of Sophiastraat, Kennedy-laan and Valkenstraat, is accentuated by an office block, one cylindrical and the other square, along which is located access to the interior of the block.
Design 1992 – completion 2000

Koninklijke Schouwburg

The Hague (NL) Complete renovation of the Royal Theatre, enlargement of the stage and construction of offices.
Design 1997 – completion 1999

WEGSLEEP
RIJHOUDEN

House/offices Esther

Quai Ste. Barbe, Liège (B)
House and offices of Mr. J.S. Esther
Design 1997 – completion 2000

House Wuidar

Esneux (B) Extension of the house of the painter Léon Wuidar
Design 1993 – completion 1996

Paleis van Justitie

's-Hertogenbosch (NL) Construction of the Magistrate's
Court consisting of an Appeals Court and Divorce Court,
as well as offices, forming a total of 40.000 m².
Design 1992 – completion 1998

Staarlocatie

Maastricht (NL) Construction of 25 dwellings and offices around a public square beside the Vrijthof, in the historic centre of Maastricht.
Artists: Jean-Pierre Pincemin, Léon Wuidar
Client: City of Maastricht and Wilma Vastgoed
Competition 1988 – completion 1999

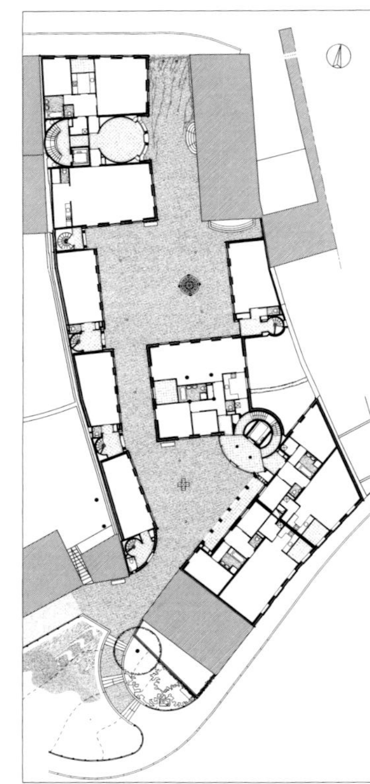

Het Zieken

Huygensgracht, The Hague (NL) On the Public Works building site, the design envisages the construction of an ensemble of 220 dwellings. Along Het Zieken and the Groenewegje rises an ensemble of apartments, forming a curved wall. Opposite there is a row of houses with four floors that closes the alignment from Huygenspark. At the centre of the block there is a spacious elliptical public square entirely surrounded by housing on three storeys.
Client: Amstelland Vastgoed and Woonzorg Nederland
Competition 1987 – completion 1998

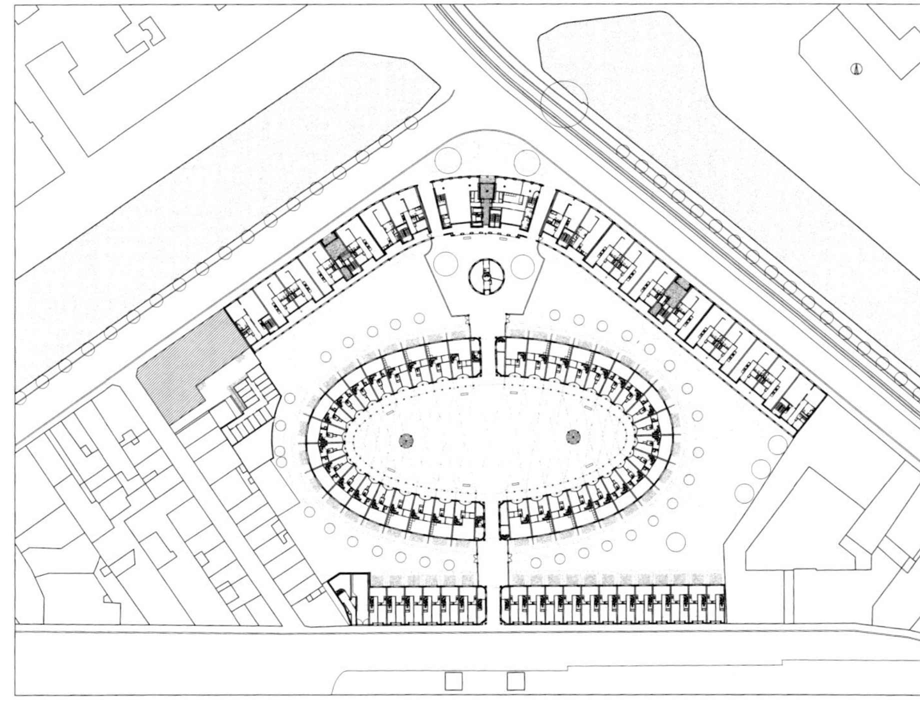

Sloterkade

Amsterdam (NL) Conversion of an office building into 39 apartments along Sloterkade, opposite the Vondelpark.

Client: De Bovenlanden bv

Design 1996 – completion 1999

Poort van Breda

Breda (NL) Construction of sixty dwellings and offices in Breda opposite the Valkenberg park. Each of the corners of the site, formed by the junction of Sophiastraat, Kennedylaan and Valkenstraat, is accentuated by an office block, one cylindrical and the other square, along which is located access to the interior of the block.

Client: City of Breda and Heja Projectontwikkeling bv

Design 1992 – completion 2000

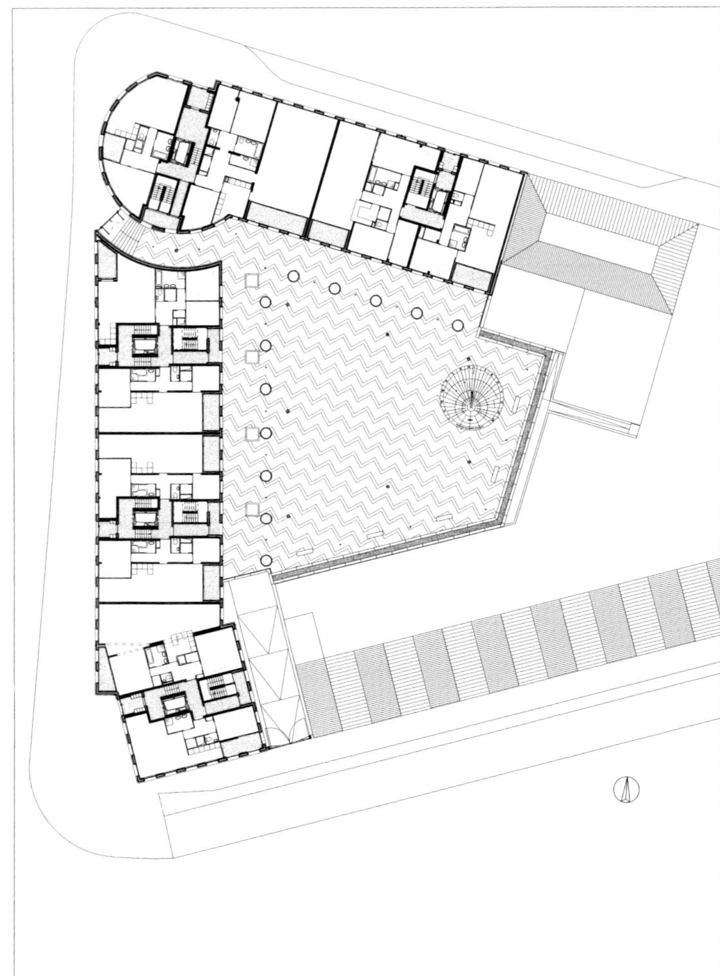

Koninklijke Schouwburg

The Hague (NL) Complete renovation of the Royal Theatre, enlargement of the stage and construction of offices. The interior designs were not executed.
Artists: Sol LeWitt, Jean-Pierre Pincemin, (Giulio Paolini, not realised).
Client: Koninklijke Schouwburg
Design 1997 – completion 1999

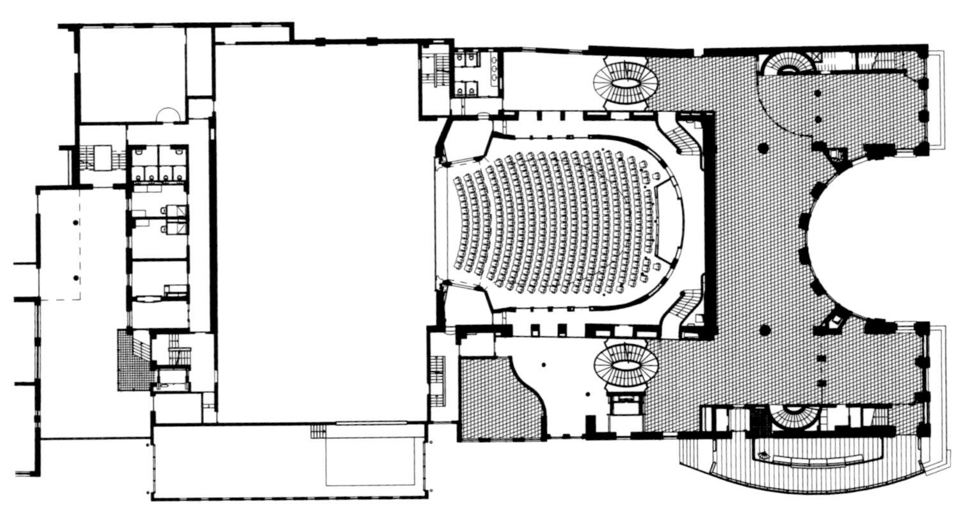

House/offices Esther

Quai Ste. Barbe, Liège (B) House and offices of Mr. J.S. Esther
Client: Jean-Sébastien Esther
Design 1997 – completion 2000

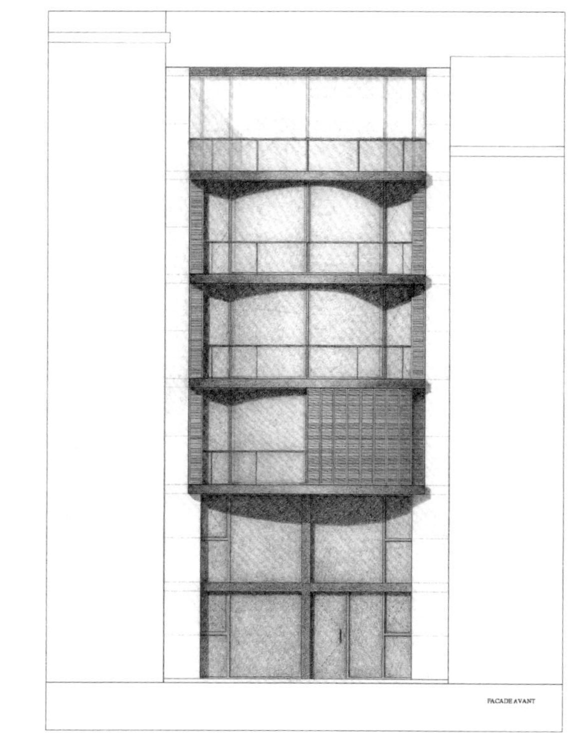

House Wuidar

Esneux (B) Extension of the house (first phase 1976) of the painter
Léon Wuidar
Artist: Léon Wuidar.
Client: Léon Wuidar
Design 1993 – completion 1996

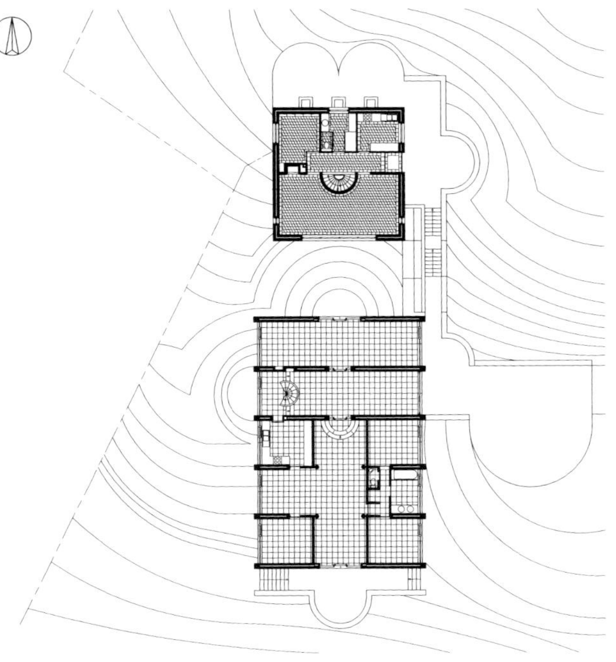

Paleis van Justitie

's-Hertogenbosch (NL) Construction of Magistrate's Court consisting
of an Appeals Court and Divorce Court, as well as offices, forming a total
of 40.000 m².
Artists: Rob Birza, Jan Dibbets, Marlene Dumas, Ludger Gerdes, Henri Jacobs, Willem
Oorebeek, Giulio Paolini, Luc Tuymans, Jeff Wall
Client: ING Vastgoed, Rijksgebouwendienst and the Ministry of Justice
Design 1993 – completion 1999

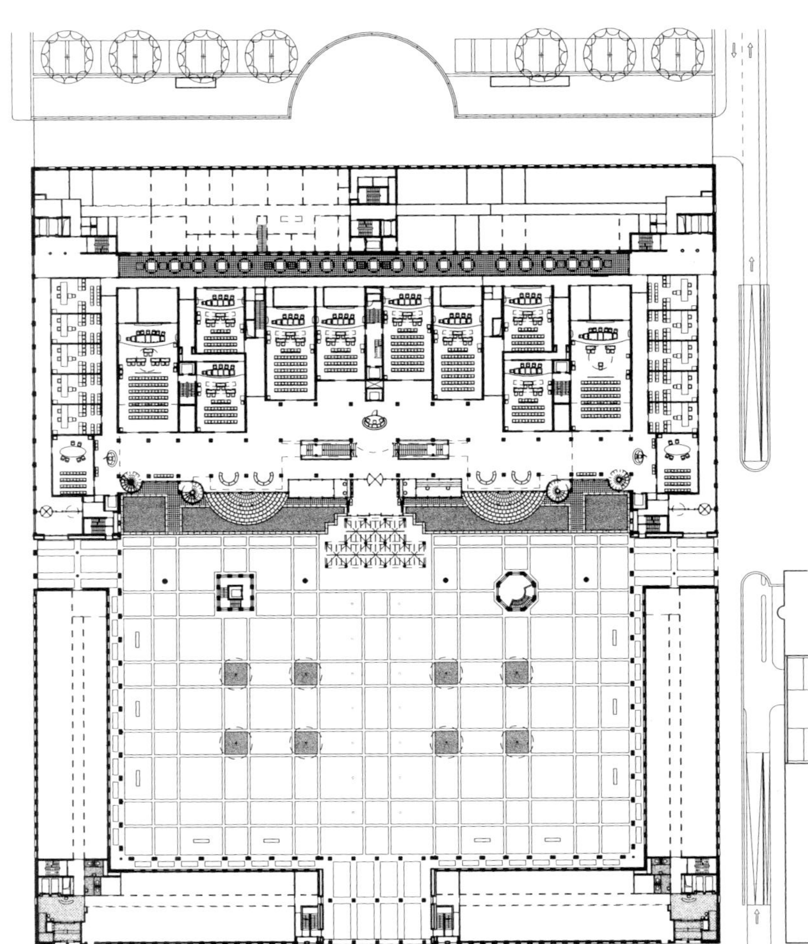

Théâtre des Abbesses

Paris (F) Construction of Théâtre de la Ville de Paris. The auditorium, with 400 seats, is accessible through a new court created in the interior of the block formed by the streets Rue des Abbesses, Rue Germain Pilon and Rue Véron. A dancing school with four halls, classrooms, commercial premises, underground parking and dwellings complete the layout of this complex ensemble.

Artists: Robert Barry, Jean-Charles Blais, Daniel Buren, Patrick Corillon, Olivier Debré, Loïc Le Groumellec
Client: La Régie Immobilière de la Ville de Paris
Design 1987 – completion 1996

Wolvenschans

Leek (NL) Construction of a complex containing apartments and single-family dwellings.

Client: Leyten & Partners
Design 1993 – completion 1998

Statenplein

Dordrecht (NL) Construction of a commercial centre and 29 apartments around a 'suspended square'. Artist's intervention for the glass facade.

Client: Multi Vastgoed bv
Design 1994 – under construction

Doelenveld

Alkmaar (NL) Construction in the centre of the city of a public square marked out by the arcades. The square is bordered by new and existing apartments.
Client: Reek & Teerenstra
Design 2000

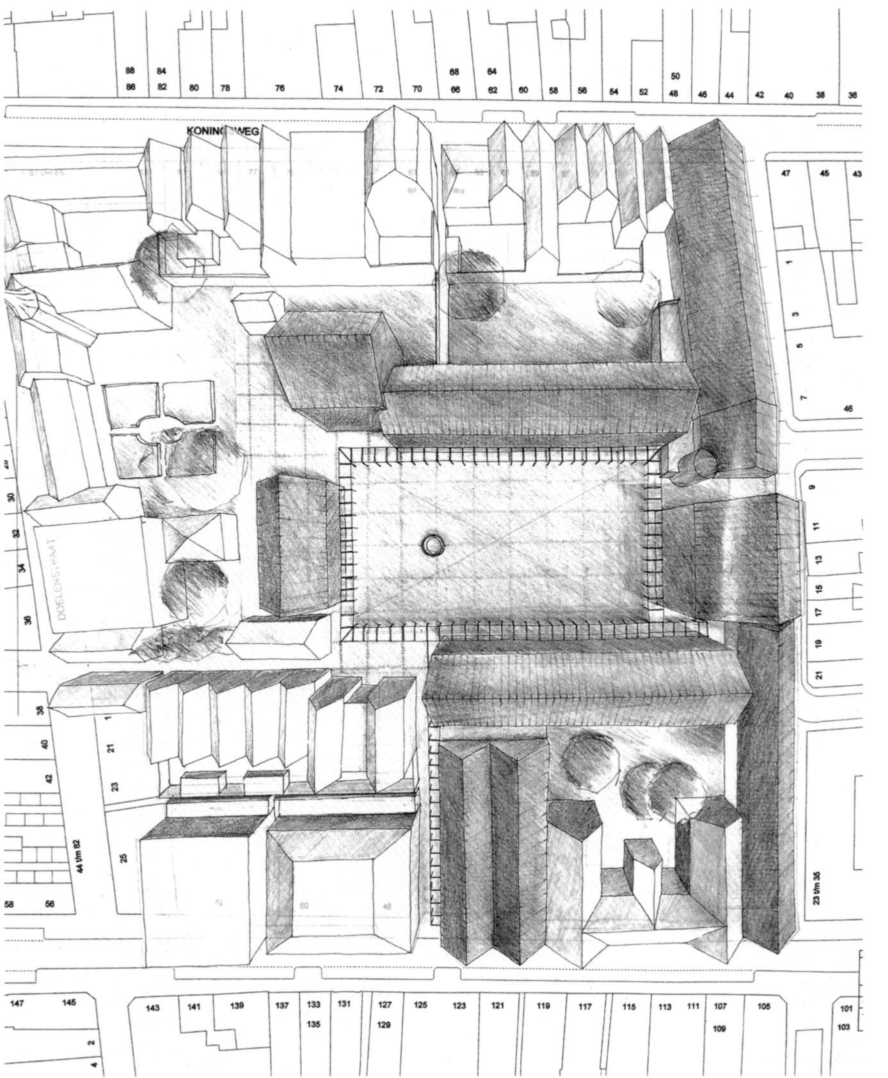

University Groningen

Groningen (NL) Extension of the faculty of Social Sciences. The programme includes classrooms, laboratories and offices.
Client: Rijksuniversiteit Groningen
Design 1995 – under construction

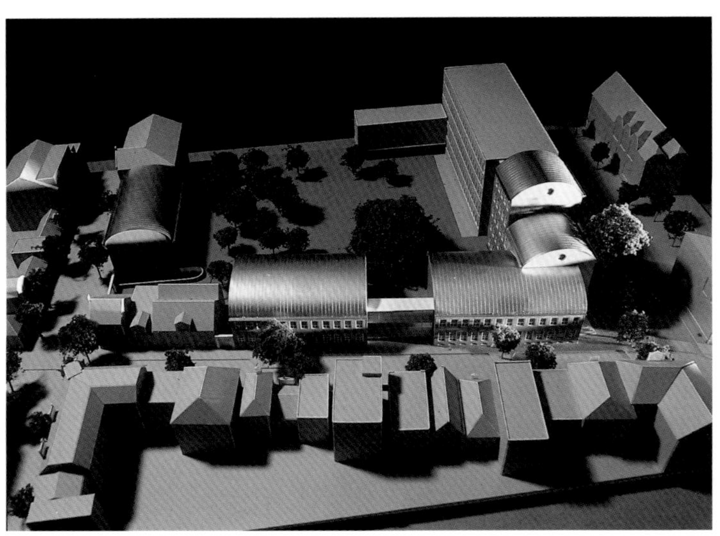

Karperkuil

Hoorn (NL) Project for building 46 public housing units round a public square in the south of Hoorn.
Client: Woonstichting Hoorn
Design 1996

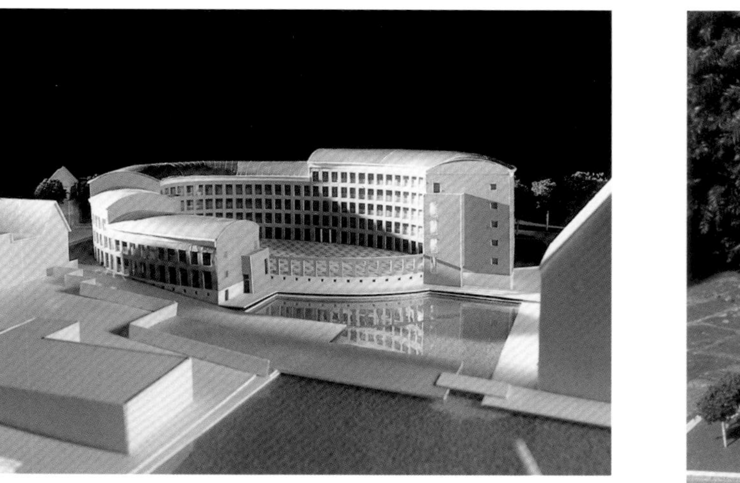

Housing

Boskoop (NL) Project for the construction of 32 residences along the Gouwe river in Boskoop.
Client: Leyten & Partners bv
Design 1996 – under construction

Burgemeester van Rijnsingel

Venlo (NL) Design for 10 apartments opposite a park.
Client: Janssen de Jong
Design 1997

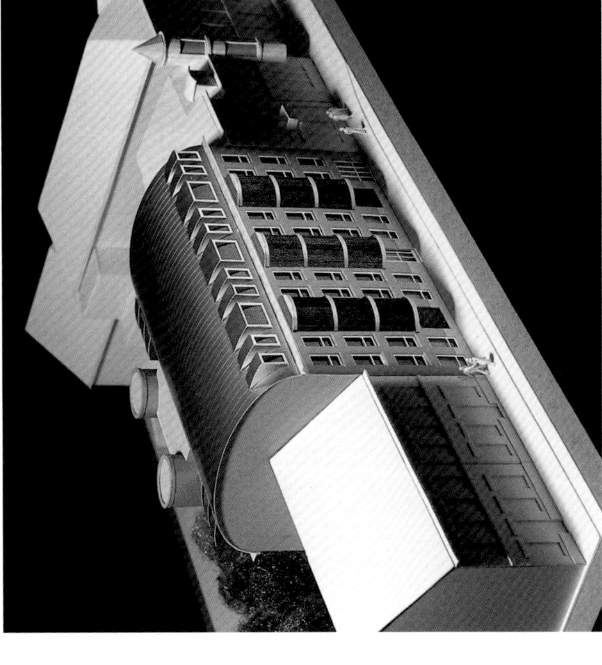

Huddekade

Amsterdam (NL) Design for an apartment building in the historic centre of Amsterdam opposite to the Amstel Hotel.
Client: Delta Lloyd
Design 1997

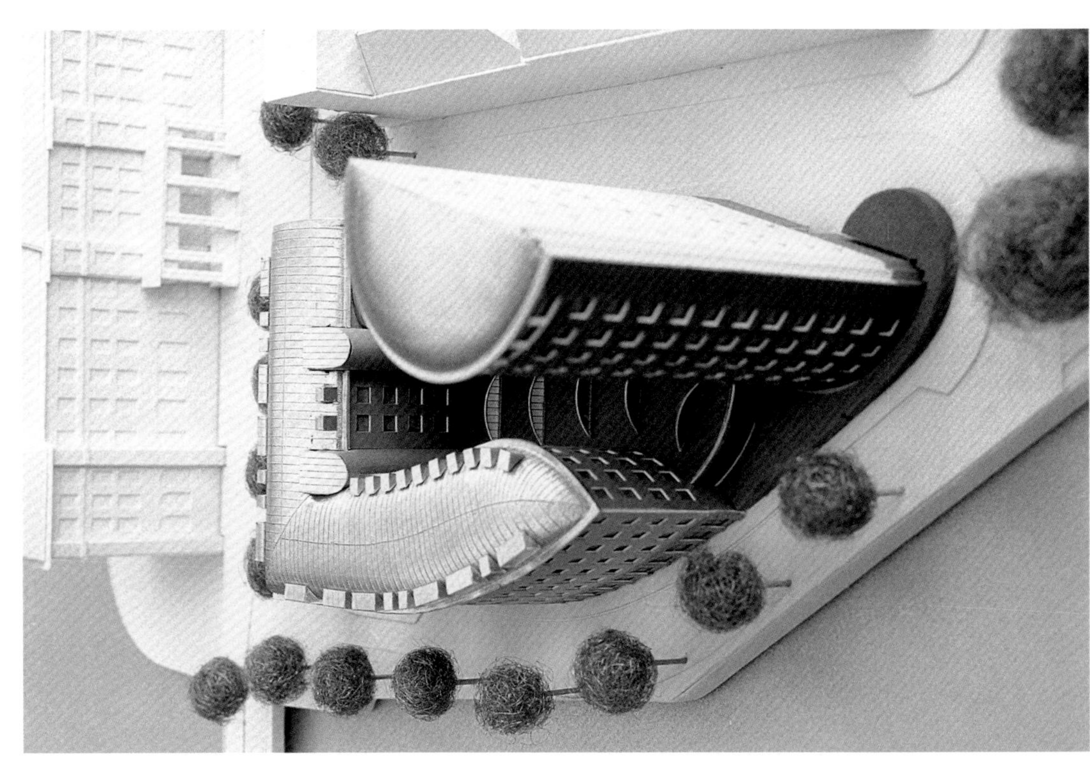

Le Balloir

Place Sainte-Barbe, Liège (B) Extension of the home for the elderly with
18 rooms along the Meuse
Client: asbl La Maison Heureuse
Design 1998

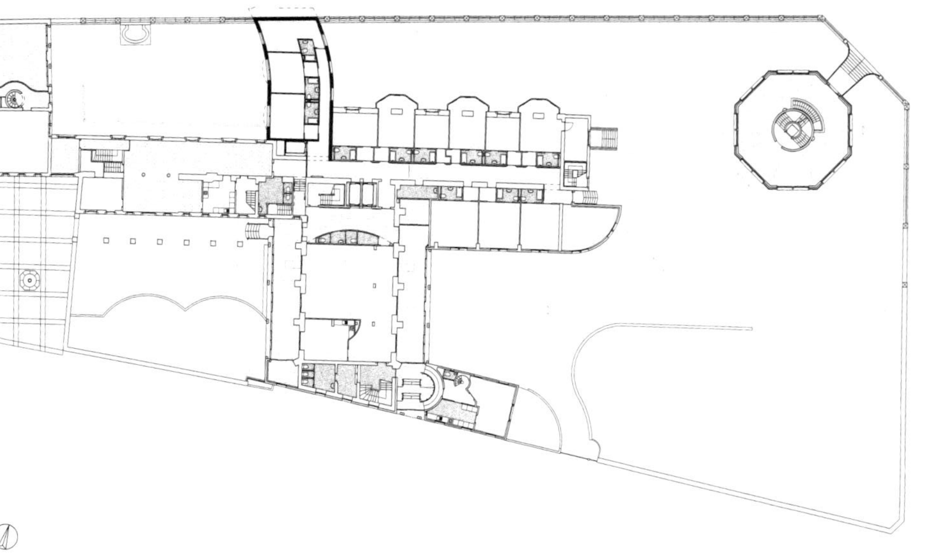

Renovation of a farmhouse

Villers-la-Ville (B) Conversion of a farmhouse into accommodation for
groups of students and archaeologists. Tourist locale.
Artist: Jean-Pierre Pincemin.
Competition 1998 – mention

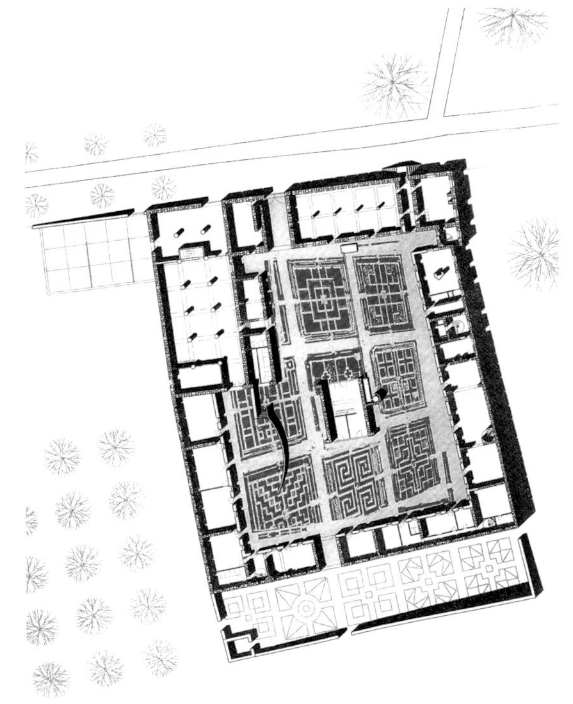

Reggeborgh Beheer

Rijssen (NL) Office for Reggeborgh Beheer bv
Artist: Jean-Pierre Pincemin lift cage and banisters
Client: Reggeborgh Beheer
Design 1998 – completion 1999

Egyptomania Pavilion

Museum Boijmans Van Beuningen, Rotterdam, (NL) Presentation of
objects inspired by ancient Egypt and pictorial projection of objects
onto a wood and paper pavilion

Client: Museum Boijmans Van Beuningen
Design 1998 – completion 1999

Housing

Haarlemmermeer Getsewoude (NL) Design for 10 houses and 57 apartments round a public garden at a new development in Haarlemmermeer.
Client: Johan Matser bv
Design 1998 – under construction

Blauwkapel

Utrecht (NL) Design for the redevelopment of an old fortified bastion into dwellings and studios.
Client: City of Utrecht
Design 1998 – cancelled

Office Kondor Wessels

Kleinmachnow, Berlin (BRD) Two-phase design for the accommodation of offices in a suburb of Berlin.

Client: Kondor Wessels

Design 1999

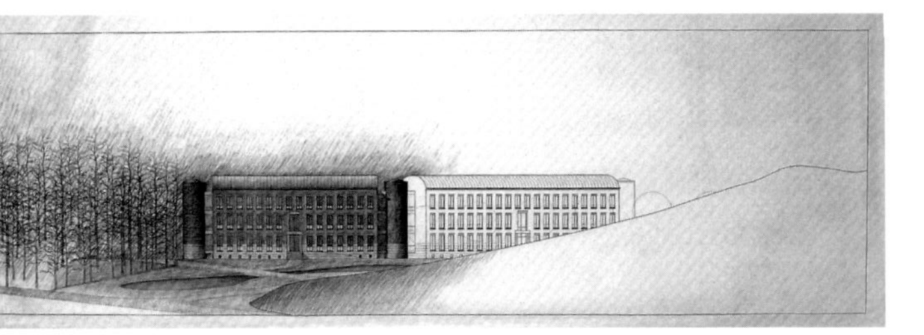

Apartments/crèche Le Balloir

Rue Gravioule, Liège (B) Extension of the Balloir with 23 apartments for elderly people. Extension of the Balloir crèche at the foot of the tower with 24 cradles.

Client: asbl La Maison Heureuse

Design 1999 – under construction

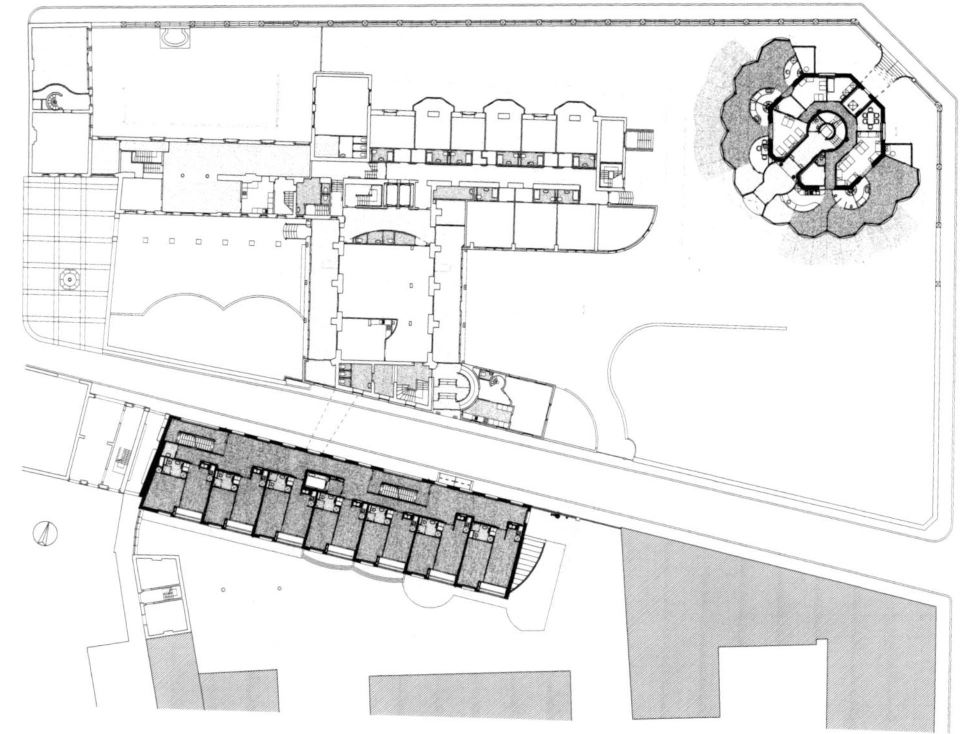

Lighting for the St. Servaas bridge

Maastricht (NL) Proposal for the redesign of the bridge and its surrounding area. Proposal for the pavement in collaboration with Jean-Pierre Pincemin.
Client: City of Maastricht
Design 1999 – lighting under construction

Garden furniture and armchair

Client: Museum Boijmans Van Beuningen, Rotterdam (NL)

Fountain, library and kitchen

Flostoy (B) Fountain, library and kitchen of the d'Argembeau estate
Client: Etienne and Martine d'Argembeau
Design and completion 1999

Residence Bonne Fortune

Rue Bonne Fortune, Liège (B) Conversion of an eighteenth-century residence into apartments.
Artists: Daniel Buren, Patrick Corillon, Jean-Pierre Pincemin, Sophie Riestelhueber
Design 1999 – under construction

Catsheuvel

The Hague (NL) Third proposal. Design for the construction of a residential building around a glass-roofed atrium.
Client: Altus bv
Design 2000

Leisure centre

Skopje (Macedonia) Design for the construction of a swimming pool and a leisure centre.
Client: Replek
Design 1999

Social services centre for CPAS

Laeken, Brussels (B)
Client: CPAS of the City of Brussels
Design 1999

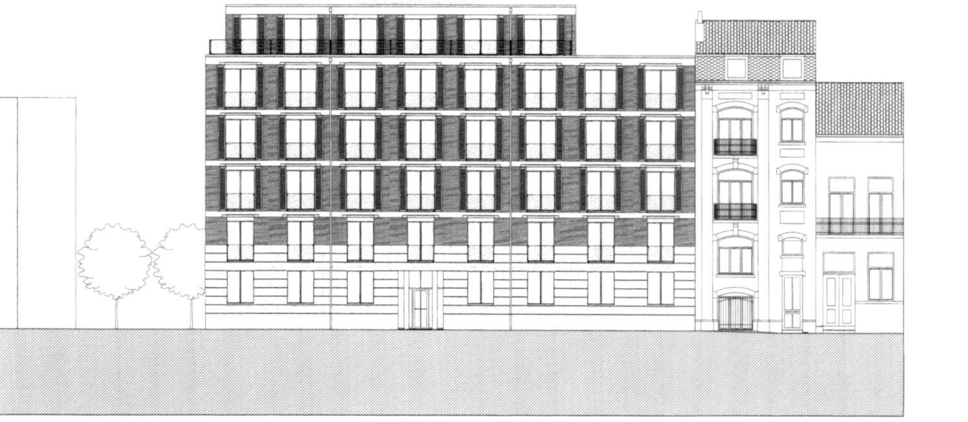

Ursulinen Klooster

Kerkrade (NL) Design for the construction of 107 dwellings at the location of the former Ursulinen Convent. The project includes a courtyard and the preservation of a park.
Client: Eurode Bouwmanagement bv
Design 2000

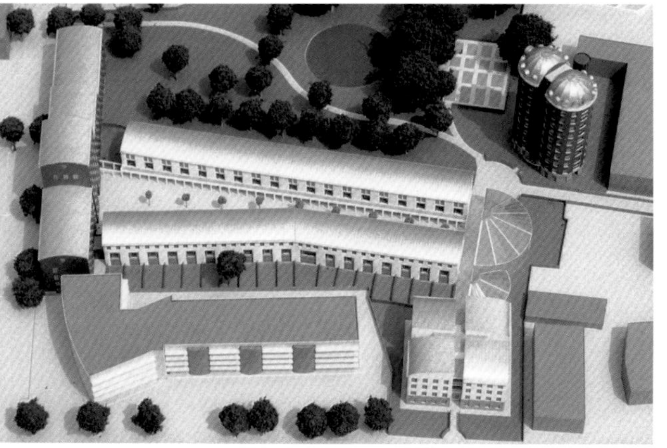

Town Hall

Ridderkerk (NL) Design for the reconstruction of a new town hall, including offices and a programme for public services.
Client: Municipality of Ridderkerk
Competition 2000, awarded

Museum La Louvière

La Louvière (B) Renovation of a mansion situated in a park in the middle of the city, into a museum for permanent and temporary exhibitions, and a tourist information office.
Client: City of La Louvière
Competition 2000

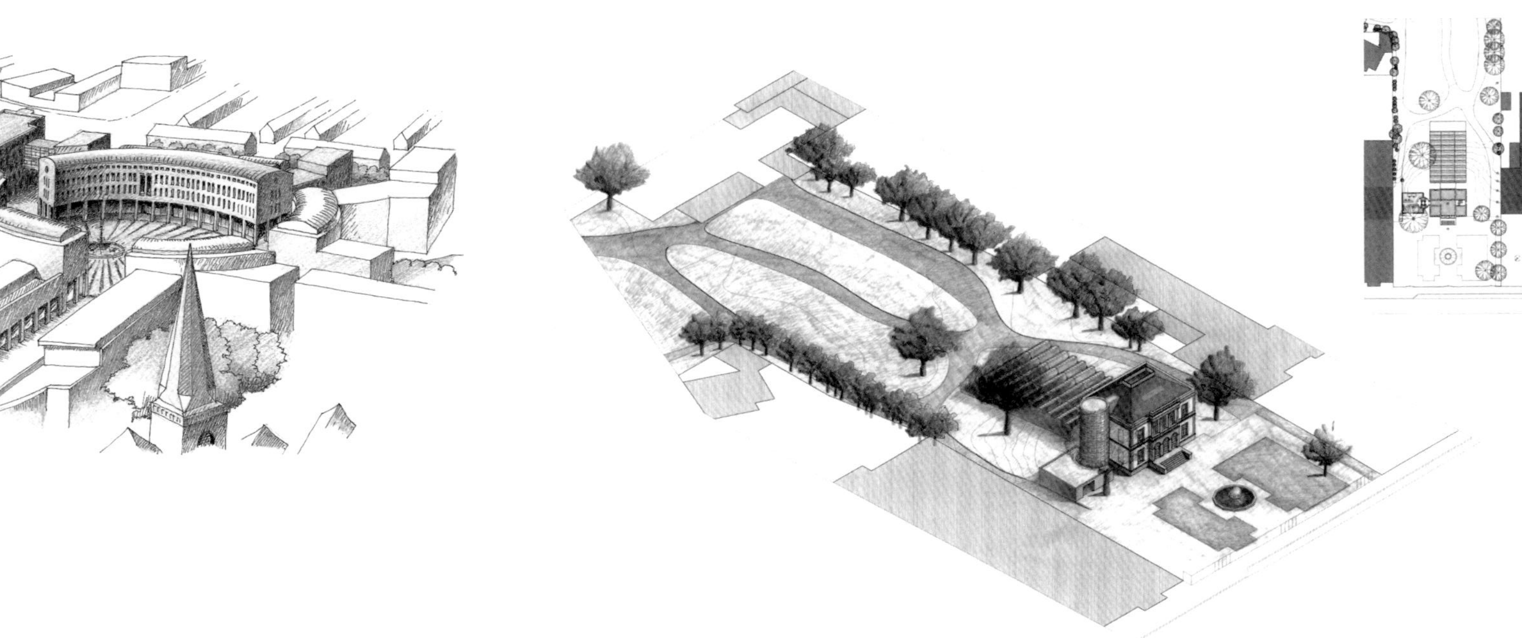

STROOM museum

Antwerp (B) Participation in the competition for the STROOM museum.
Client: City of Antwerp
Competition 1999

Golden Tulip Hotel

Maastricht (NL) Design for the construction of a five-star hotel with 88 rooms, in collaboration with artists, located opposite the Bonne-fantenmuseum at the Céramique site in Maastricht.
Client: Golden Tulip Hotel
Design 2000

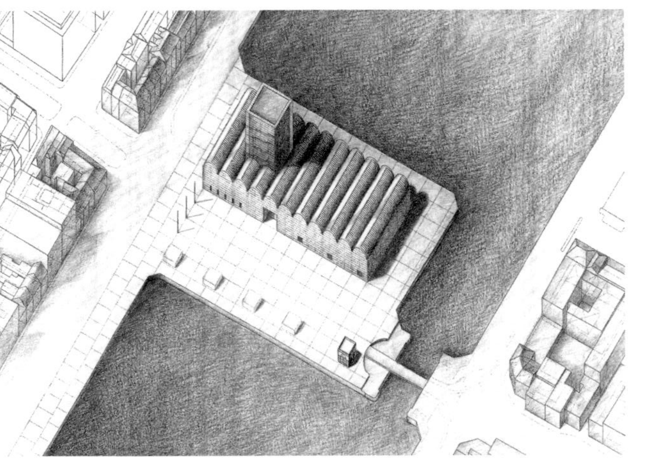

Dwellings and business centre

Catharinaplein, Eindhoven (NL)
Client: Multi Vastgoed bv
Design 2000

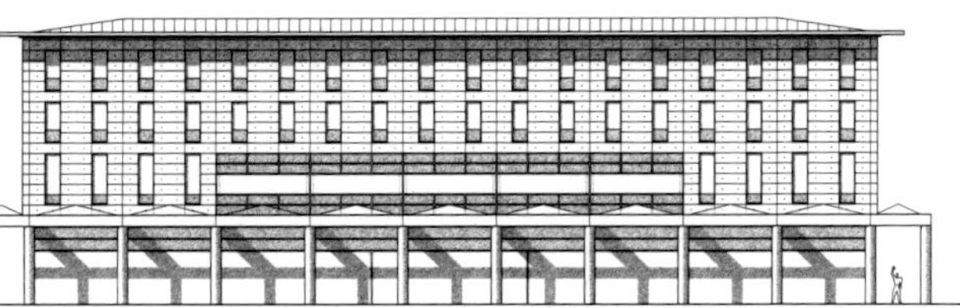

Masterplan Noordereiland

Zwolle (NL) Urban development plan for the design of the Noorder-eiland of the historic city centre. Proposal for a residential complex built round a new 1000-seat theatre, with public and semi-public areas. Design for an underground car park with 700 parking places.
Client: City of Zwolle
Design 2000

Bibliography (a selection)

MONOGRAPHS

Université de Liège – Résidence universitaire Lucien Brull, Desoer, Liège 1967

La Maison, May 1967, no. 5 (special issue), Édition Art & Technique, Brussels 1967

'Charles Vandenhove', *Cimaise Art & Architecture actuels*, December 1968, no. 88-89

Geert Bekaert, *Université de Liège – Institut d'Éducation physique – Sart Tilman*, l'Université de Liège, 1971

J. Gomez, *Centre Hospitalier Universitaire. Université de Liège*, l'Université de Liège, 1972

Geert Bekaert, *Charles Vandenhove. Architectuur en architect/L'Architecture et l'architecte/Architecture and architect*, Édition Pierre Mardaga, Liège 1976

Pierre Colman, Geert Bekaert, *Hôtel Torrentius. Lambert Lombard 1565, Charles Vandenhove 1981*, Ministère de la Communauté Française, Brussels 1982

Leon Wuidar (intr.), *Mobilier dessiné par Charles Vandenhove*, Desiron & Lizen, Liège 1984

Rénovation en Hors Château à Liège, Édition Pierre Mardaga, Liège 1984

François Chaslin (et al.), *Charles Vandenhove. Une architecture de la densité*, Édition Pierre Mardaga, Brussels 1985

Maurice Culot (contr.) (et al.], *Charles Vandenhove. Projets choisis*, Archives d'Architecture Moderne, Brussels 1986

Ruud Brouwers (ed.), Lily Hermans (contr.) Geert Bekaert, François Chaslin, *Charles Vandenhove*, Stichting Wonen, Amsterdam 1986

Geert Bekaert, *Charles Vandenhove. In search of unity/ A la recherche de l'unité/Op zoek naar eenheid. Centre Hospitalier Universitaire du Sart Tilman, Liège*, Standaard Uitgeverij, Antwerp 1988

Victor Freijser (comp. and ed.), Geert Bekaert, Bernard Huet (contr.), *Visie op de stad. Charles Vandenhove in de Stationsbuurt Den Haag*, 010 Publishers, Rotterdam 1988

Patricia Deiters, *Charles Vandenhove. Een culturele en premoderne architectuur*, Droogdok Hellevoetsluis/Koninklijke Schouwburg Den Haag, Nederlands Architectuurinstituut, Rotterdam 1990

Geert Bekaert, Kim Zwarts (photogr.), *Charles Vandenhove 1985-1995*, NAi Publishers, Rotterdam 1994 (English, French and Dutch text)

Bart Verschaffel, Kim Zwarts (photogr.), *Charles Vandenhove. Le Balloir*, 010 Publishers, Rotterdam 1996 (French and Dutch text)

Patrick Spijkerman (comp. and ed.), [contr.] Ludger Gerdes (et al.), Kim Zwarts (photogr.), *Paleis van Justitie/The Court of Justice/Le Palais de Justice/Das Justizpalast*, 's-Hertogenbosch, 010 Publishers, Rotterdam 1998

Geert Bekaert, Bart Verschaffel, Chris Dercon; (photogr.) François Hers, Gilbert Fastenaekens, Kim Zwarts, *Charles Vandenhove. Art & architecture/Art et architecture/Kunst en architectuur*, La Renaissance du Livre, Tournai 1998

PERIODICALS

Architecture, 1956, no. 19, p. 785

La Maison, 1957, no. 2, p. 51

La Maison, 1957, no. 4, p. 108

L'Art de Bâtir, October 1957

Rythme, November 1957

Architecture, January/February 1967, no. 75, pp. 556-560

Architecture, 1967, no. 78, p. 773

'Université de Liège au Sart Tilman', *La Maison*, November 1967, no. 11, pp. 368-369

'Architetture di Charles Vandenhove dal Belgio', *Domus*, June 1967, no. 451, pp. 7-10

Moebel Interior Design, 1967, no. 11

Albert Levin, 'Pourquoi des architectes', *Cimaise*, 1968 no. 88-89, pp. 78-92

Renato Pedio, 'Casa dello studente a Liegi', *Architettura*, 1968, no. 147, pp. 592-595

Architecture, 1968, no. 82, pp. 83-85

Geert Bekaert, 'De architectuur van Charles Vandenhove', *Tijdschrift voor Architectuur en Beeldende Kunsten*, November 1968, no. 22, pp. 536-555

Geert Bekaert, 'Studenten wonen ook', *Kunst-en-Kultuuragenda*, 1968, no. 7

J. Bureau, 'Le Centre hospitalier universitaire de Liège', *Techniques Hospitalières*, June/July 1969

La Maison, 1969, no. 7-8

Luigi Biscogli, 'Opere recenti de Charles Vandenhove', *Casabella*, 1969, no. 332, pp. 18-35

Luigi Biscogli, 'Vandenhove 2', *Casabella*, March 1970, no. 346, pp. 14-19

Geert Bekaert, 'L'Évolution d'un Style', *Architecture*, 1970, no. 9

Geert Bekaert, 'De evolutie van een stijl', *Tijdschrift voor Architectuur en Beeldende Kunsten*, Jan. 1970, no. 1, pp. 21-25

Architecture, 1970, no. 93, pp. 676-689

Kenchiku Bunka, Tokyo, July 1970

'Complexe hospitalier universitaire de Sart Tilman, Liège', *L'Architecture d'Aujourd'hui*, 1970, no. 150, pp.16-20

'Hall Polyvalent, Liège', *L'Architecture d'Aujourd'hui*, October 1970, no. 152, p. LIII

Geert Bekaert, 'Institut d'Éducation physique – Sart Tilman, Liège' – 'Maison à Saint André', *Environnement*, November/December 1971, pp. 420-433

Geert Bekaert, 'Maison Marie Dufays', *L'Architecture d'Aujourd'hui*, 1972, no. 163, pp. 68-70

Geert Bekaert, 'Charles Vandenhove – l'Architecte et sa Maison', *Art Press*, February 1974, no. 9, pp. 26-29

Francis Strauven, 'Two Belgian Architects', *Studio International*, October 1973

'Charles Vandenhove. Agrandissement de sa maison personnelle, Liège', *A+*, April 1975, no. 17, pp. 32-33

Geert Bekaert, 'De architekt en zijn woning', *A+*, April 1975, no. 17, pp. 34-39

'Charles Vandenhove. Maison de campagne du professeur et de Madame Florkin, Bra-sur-Lienne', *A+*, April 1975, no. 17, pp. 40-41

'Charles Vandenhove. Habitation de M. et Mme Wuidar, Esneux', *A+*, April 1975, no. 17, pp. 42-43

'Charles Vandenhove. Crèche pour 20 enfants sur la terrasse de la maison des Etudiants "Résidence Brull", Liège', *A+*, April 1975, no. 17, pp. 44-45

'Une exposition Vandenhove', *Clés pour les Arts*, June 1976, no. 6, p. 30

'Projet de renovation en Hors-Château à Liege/Rehabilitatie in Hors-Château in Luik', *A+*, October 1978, no. 52, pp. 23-24

A.A.M., 1978, no. 15

'La scala e la colonna/Houses of pillars', *Domus*, November 1980, no. 611, pp. 24-25

A.A.M., 1980, no. 17

'Hôtel Torrentius te Luik', *A+*, January/February 1982, no. 74, pp. 7-12

Geert Bekaert, 'De dood bezworen: Hotel Torrentius 1561-1981', *Wonen-TA/BK*, May 1982, no.10, pp. 8-29

François Chaslin, 'Charles Vandenhove – petite fugue liégeoise', *Architecture, Profession & Tendances*, April 1983, no. 4, pp. 20-22

Geert Bekaert, 'Modernité et tradition en architecture: Hotel Torrentius', *GA Document*, October 1983, no. 8, pp. 96-105

François Chaslin, 'Un quartier de noblesse: Hors-Chateau restoration', *GA Document*, no. 8, Oct. 1983, pp. 106-111

Philippe Tretiack, 'Un régionalisme exemplaire ou l'urbanité dans les moindres détails', *Architecture Intérieure – Crée*, March/April 1984, pp. 62, 100-105

Guen Suzuki, 'The residential works of Charles Vandenhove', *Architecture + Urbanism*, October 1985, no. 181, pp. 99-122

Charles Genders, 'Charles Vandenhove en de waardigheid van de architectuur', *de Architect*, April 1985, pp. 67-73

Douglas Brenner, 'En rapport: two projects in Liege, Belgium', *Architectural Record*, June 1985, no. 7, pp. 143-155

Ann Jonsson, '"Jag vill ocksaa gora bilder", samtal med Charles Vandenhove', *Arkitektur*, July/August 1986, no. 7, pp. 21-27

House & Garden, June 1987

'De Munt, bijdragen van Charles Vandenhove & Associés', *A+*, 1987, no. 94/95, pp. 28-29

François Chaslin, 'Verwezenlijking te Montmartre, Paris door Charles Vandenhove', *A+*, 1987, no. 94/95, pp. 54-56

Geert Bekaert, 'An unexpected design: the University Hospital Center at Sart Tilman, Liege', *Architectural Record*, July 1987, no. 8, pp. 126-135

Geert Bekaert, 'Provocerende architectuur? Het Universitair Medisch Centrum Sart Tilman bij Luik', *Archis*, September 1987, no. 9, pp. 40-45

Pierres & Marbres de Wallonie, Éditions A.A.M., Brus-

sels, 1988 (Illustrations: p. 49: Théâtre de la
Monnaie (vestibule), p. 57: pharmacy Schunk
in Eupen, p. 58: Hors-Château in Liège, p. 61,
122: Hôtel Torrentius in Liège, p. 138: CHU
Sart Tilman)
Gabriele Tolmein, 'A house like a Church',
Häuser, 1988, no. 1, pp. 11, 34-41
Gabriele Tolmein, 'Die großen Architekten (29):
Charles Vandenhove', *Häuser*, May 1988, no. 2,
pp. 59-70
'Museum fur Schiffsbau, Hellevoetsluis bei Rot-
terdam, Projekt', *Werk, Bauen +Wohnen*, October
1988, no. 10, pp. 40-41
Geert Bekaert, 'Hôtel Torrentius', *Detail*, 1988,
pp. 65-74
'L'escalier et la Modernité', *Maisons d'Hier & d'Au-
jourd'hui*, 1988, no. 80, pp. 134-135
Häuser, January 1989, pp. 144-149
Décors, December 1989, no. 965, pp. 83-91
'Extrait d'une conversation entre Charles Van-
denhove et Catherine Cullen', *Noise*, 1992,
no. 17, pp. 16-18
Didier Laroque, 'Vandenhove: Embellir l'espace',
L'Architecture d'Aujourd'hui, April 1993, no. 286,
pp. 100-103
L. Denissen, 'Maastricht: een historische stad
wordt modern: huisvestingsproject', *Arch &
Life*, March/April 1995, no. 65, pp. 6-7
Philippe Dagen, 'L'art contemporain sort des
musées pour entrer dans les lieux de vie',
Le Monde, 2 November 1995
Gilbert Roox, 'Het huis van de Meester – Archi-
tekten over de woning die ze voor zichzelf
ontwierpen', *De Standaard Magazine*, 23
February 1996, pp. 6-10
Bernard Raffalli, *L'Actualité de la Scénographie*,
November 1996
Frédéric Edelmann, 'Le quartier des Abbesses,
bijou fin de siècle de Charles Vandenhove',
Le Monde, 27 November 1996
Frédéric Edelmann, 'Das Théâtre des Abbesses',
Bauwelt, March 1997, no. 11, pp. 526-529
'Théâtre de la Monnaie', *Detail*, October 1998,
no. 138, p. 127
Emmanuel Doutriaux, 'Théâtre des Abbesses:
Charles Vandenhove in Parijs', *A+*,
October/November 1997, no. 148, pp. 30-33
'Renovatie van de Koninklijke Schouwburg van
Den Haag', *A+*, October/November 1997,
no. 148, pp. 34-35
Raymond Balau, 'Charles Vandenhove: de andere
woning Wuidar', *A+*, December/January 1997/
98, no. 149, pp. 40-49
Jef Apers, 'Beroepspraktijk: een kubus in beton',
A+, December/January 1997/98, no. 149,
pp. 71-72
Herman van Bergeijk, 'Het organiseren van de
chaos: renovatie van de Koninklijke Schouwburg in Den Haag door Charles Vandenhove',
de Architect, January 2000, no. 1, pp. 58-61
'Le Sart Tilman et Louvain-la-Neuve: Campus et
ville nouvelle', *Les Cahiers de l'Urbanisme*, February 2000, no. 28/29, pp. 36-41
'Charles Vandenhove témoigne...', *Les Cahiers de
l'Urbanisme*, February 2000, no. 28/29,
pp. 112-113
'Vandenhove', *Café-Crème magazine*, 1985, no. 5,
pp. 26-27
Kees Peterse, Frans van Herwijnen, 'Renovatie
Koninklijke Schouwburg Den Haag: collage
van koper en schoon beton', *Detail in architectuur*, March 2000, pp. 32-37, 55

PUBLICATIONS IN BOOKS
Francis Strauven, *L'Architecture en Belgique 1970- 80*,
CRA Unité Architecture Louvain-la-Neuve,
1981
*La restauration des monuments à Liège et dans sa province
depuis 150 ans*, Ministère de la Communauté
française de Belgique, 1986, p. 105, p. 120
'Résidence Dubois', in: *Créer dans le créé: l'architecture
contemporaine dans les bâtiments anciens*, Electa
Moniteur, Milan [etc.] 1986, pp. 168-169
'Hôtel Torrentius, Liège', in: *Créer dans le créé: l'ar-
chitecture contemporaine dans les bâtiments anciens*,
Electa Moniteur, Milan [etc.] 1986, pp. 214-215
Charles Jencks, *The prince, the architects and new wave
monarchy*, Academy Editions, London 1988, p. 30
'Hors-Château, Liège', in: Robert A.M. Stern,
Modern Classicism, Thames & Hudson, London
1988, pp. 268-269
'Charles Vandenhove', in: Geert Bekaert (ed.),
Sea Trade Center Zeebrugge, Standaard Uitgeverij,
Antwerp 1990, pp. 66-79
Andreas Papadakis and Harriet Watson, *New Clas-
sicism*, Academy Editions, London 1990, p. 181
'Maison d'accueil pour enfants', in: *Architecture
contemporaine 90-91*, Lausanne 1991, pp. 234-235
L'Architecture Aujourd'hui, Éditions Terrail, Paris
1991, pp. 152-153
G. Tolmein, 'Charles Vandenhove', in: *Grosse Archi-
tekten*, vol 2, HäuserBuch, 1992, pp. 333-345
'Brussels Woluwe St Lambert', *A vision of Europe*,
Edition Alinea, Florence 1992, pp. 170-171
'Butte Montmartre, Paris', *A vision of Europe*, Edi-
tion Alinea, Florence 1992, pp. 236-237
'Van Hogendorpstraat, Den Haag', in: Ruud
Brouwers (ed.), *Architectuur in Nederland. Jaarboek
1991-1992/Architecture in the Netherlands. Yearbook
1991-92*, Netherlands Architecture Institute,
Rotterdam 1992, pp. 68-69
'Charles Vandenhove con René Greisch. Centro
medico del campus universitario Sart-Tilman,
Liegi', in: Marc Dubois, *Belgio. Architettura: gli
ultimi vent' anni*, Electa, Milano 1993, pp. 56-59
'Charles Vandenhove – Casa Wuidar, Esneux', in:
Marc Dubois, *Belgio. Architettura: gli ultimi vent'
anni*, Electa, Milano 1993, pp. 66-67
'Charles Vandenhove con René Greisch: interventi
di restauro e ristrutturazione nel quartiere
Hors-Chateau, Liegi', in: Marc Dubois, *Belgio.
Architettura: gli ultimi vent' anni*, Electa, Milano
1993, pp. 68-71
'Charles Vandenhove: Restauro dell' Hôtel Tor-
rentius', in: Marc Dubois, *Belgio. Architettura: gli
ultimi vent' anni*, Electa, Milano 1993, pp. 72-73
'De Liefde, Bilderdijkstraat/Da Costakade, Am-
sterdam', in: Friso Broeksma (ed.), *Architectuur
in Nederland: Jaarboek 1992-93/Architecture in the
Netherlands. Yearbook 1991-93*, NAi Publishers,
Rotterdam 1993, pp. 48-53
'Hoogfrankrijk, Maastricht', in: Ruud Brouwers
(ed.), *Architectuur in Nederland: Jaarboek 1993-94/
Architecture in the Netherlands. Yearbook 1993-94*,
NAi Publishers, Rotterdam 1994, pp.108-111
Jacques Aron (et al.), L'Architecture contempo-
raine en Belgique: guide/De hedendaagse
architectuur in België: gids/Contemporary
architecture in Belgium: a guide, Éditions de
l'Octogone, Brussels 1996
'Charles Vandenhove: sociaal centrum "Le Bal-
loir" in Luik/Centre social Le Balloir à Liège',
in: *Bouwen in Beton/Construire en Beton*, Kinold,
Munich 1998, pp. 52-55
'Charles Vandenhove: woonhuis in Esneux/
Maison à Esneux', in: *Bouwen in Beton/Construire
en Beton*, Kinold, Munich 1998, pp. 56-60
'Charles Vandenhove', in: *Alleen op de wereld. Stylos
jaarboek 1998/1999*, pp. 198-207
'Charles Voscour', *En plein air. Maastricht, stad van
parken en pleinen*, Gemeente Maastricht, Maas-
tricht 1999, cover, pp. 14, 62-73
Geert Bekaert, 'Charles Vandenhove', in: *Horta and
after – 25 Masters of Modern Architecture in Belgium*,
Mil De Kooning (ed.), University of Ghent, 4th
Bienal Internacional de São Paulo – 19 No-
vember 1999/25 January 2000, pp. 230-241
'Museumhotel', in: John Custers, *Cahiers Céramique I + II: Maastricht maakt een stadsdeel/Maastricht
builds a part of the city*, Maastricht 1999, p. 155
'Paleis van Justitie', in: ed. Hans Ibelings (ed.),
*Architectuur in Nederland. Jaarboek 1998-99
Architecture in the Netherlands. Yearbook 1998-99*,
NAi Publishers, Rotterdam 1999, pp. 68-73
Iwan Strauven, 'Le mobilier VK van Lucien Kroll
en Charles Vandenhove', in: *Het Mechelse Meubel
1500-2000. Van houtsnijwerk tot design*, Mechelen,
2000, pp. 36-42, pp. 136-143

EXHIBITIONS
Exposition Esthétique Industrielle de Liège,
collaboration L. Kroll, 1956
'XI Milan Triennale', collaboration L. Kroll, 1957
'L'architecture et l'architecte'; organisation:
Archives d'Architecture Moderne in collabo-
ration with l'Ecole Nationale Supérieure
d'Architecture et des Arts Visuels; l'hôtel Van
de Velde, Brussels, 29 April-22 May 1976
'Mobilier dessiné par Charles Vandenhove';
organisation: Désiron and Lizen, 1984
'Charles Vandenhove. Une architecture de la den-

sité', Institut Français d'Architecture, Paris, May 1985
Neue Galerie, Aachen, 18 October-17 November 1985
De Singel, Antwerp, 17 January-23 February 1986
'Charles Vandenhove', Stichting Wonen in the Beurs van Berlage, Amsterdam, 8 July-25 August 1986
'Charles Vandenhove: projets choisis', Fondation pour l'Architecture, Brussels, 1986
Musée d'Art Moderne, Liège, 1987
'Visie op de stad: plannen voor de stationsbuurt', Stationsweg 137, Den Haag, 14 July-30 September 1988

'Charles Vandenhove – een culturele en pre-moderne architectuur', Netherlands Architecture Institute, Rotterdam, 3 March-13 May 1990
Centre culturel d'Arlon, 1997
Architectuurcentrum, Hoorn, 1998
'Egyptomania', Museum Boijmans Van Beuningen, Rotterdam, September-October 1998
'Een vorstelijk afscheidsgeschenk. Tuinmeubelen voor Johan ter Molen naar een ontwerp van Charles Vandenhove en Prudent De Wispelaere', Museum Boijmans Van Beuningen, Rotterdam, July 1999

'Het Mechelse Meubel 1500-2000', Mechelen, 2000
'Je n'aime pas la culture', Brussels, 2000

FILMS

La maison Schoffeniels, Jef Cornelis, realised by the BRT, 1970
Le gymnase. Sart-Tilman, Jef Cornelis, realised by the BRT, 1971
l'Énigme du Sphinx, Jef Cornelis, realised by the BRT, broadcasted 27 November 1983, 21.00
Théâtre des Abbesses, FR3-TF1, 1997
Le Balloir, RTBF, 1999

Atelier

CHARLES VANDENHOVE
born in Teuven, Belgium, 3 July 1927;
diplôme d'Architecte issued in 1951 by l'École Nationale Supérieure d'Architecture (La Cambre, Brussels);
Atelier Victor Bourgeois;
Studied urbanism at La Cambre – pupil of G. Bardet;
Lecturer, Faculté Polytechnique de Mons 1970-1993

PRUDENT DE WISPELAERE
born in Auderghem, Belgium, 29 November 1950;
diplôme d'Ingénieur Architecte issued in 1977 by the University of Liège;
Collaboration with Charles Vandenhove since September 1977

The published projects are by
Charles Vandenhove, Prudent De Wispelaere, Frank Braakhuis, John Flippo, Pascal Rahier, Philippe Vander Maren, associated architects.

The following architects collaborated
Céline Bietlot, Jean-Philippe Caufriez, Ludovic Long-wei Chen, François Chrestian, Valérie Clotuche, Marie-Louise Delairesse, Pierre-Yves Etienne, Nadia Ghizzardi, Valérie Goor, Bénédicte Grosjean, Anne-Michèle Lannoy, Olivier Mathieu, Pascal Noe, Sébastien Ochej, Stéfan Ritzen, Frédéric Sequaris, Delphine Ullens de Schooten, Renaud Van Kerckhove, Mireille Weerts.

Colophon

Texts
Jean-François Chevrier, Bart Verschaffel (in co-operation with Mil De Kooning and Ronny De Meyer); Bureau Vandenhove (project documentation)
Translation
Dutch-English: Peter Mason, Amsterdam (essay Bart Verschaffel); Nancy Forest-Flier, Alkmaar (project documentation)
French-English: Brian Holmes, La Varenne St. Hilaire (interview Jean-François Chevrier)
Production
Astrid Vorstermans, NAi Publishers, Rotterdam
Graphic Design
Bureau Piet Gerards, Heerlen/Amsterdam
Printing and Lithography
Drukkerij Rosbeek bv, Nuth
Binding
Stokkink's Boekbinderij bv, Amsterdam
Photography
Philippe Vander Maren, with the exception of:
Christine Bastin & Jacques Evrard: p. 30 (t+b), 47 (mid r)
Gilbert Fastenaekens: p. 9 (left b)
Hubert Grooteclaes: p. 8

Tom Haartsen: p. 142 (t right)
François Hers: p. 6 (t+b), 16, 31 (b), 38, 39 (t+b), 40, 41, 44 (t+b), 47 (mid + t right)
Sophie Ristelhueber: p. 42 (b)
Charles Vandenhove: 15 (b), 34 (t+b), 139
Kim Zwarts: p. 9 (t left), 10 (mid left, mid right, b right), 12, 18, 19 (b), 20, 21, 33 (b), 42 (t), 43 (t), 45 (t+b), 111-125, 133 (left), 134 (right), 135 (left)

It was not possible to find all the copyright holders of the illustrations used. Interested parties are requested to contact NAi Publishers, Mauritsweg 23, 3012 JR Rotterdam, the Netherlands. For works of visual artists affiliated with a CISAC-organization the copyrights have been settled with Beeldrecht in Amsterdam. © 2000, c/o Beeldrecht Amsterdam.

Publisher: NAi Publishers/Uitgevers, Mauritsweg 23, NL-3012 JR Rotterdam, book@publishers.nai.nl, www.nai.nl/publishers.

Available in the Benelux through Coen Sligting Bookimport, Van Oldenbarneveldtstraat 77, NL-1052 JW Amsterdam.
Available in France through Diffusion/Distribution Le Funambule, 48 Rue Jean Pierre Timbaud, F-75011 Paris.
Available in North, South and Central America through DAP/Distributed Art Publishers Inc, 155 Sixth Avenue 2nd Floor, New York, NY 10013-1507, Tel. 212 6271999 Fax 212 6279484.
Available in the United Kingdom and Ireland through Art Data, 12 Bell Industrial Estate, 50 Cunnington Street, London W4 5HB, Tel. 181 7471061 Fax 181 7422319.

Printed and bound in the Netherlands

ISBN 90 5662 181 5